Das Verhältnis Brustgröße zu Trikotweite könnte man optimieren. Das dachte Björn jedes Mal, wenn Regine ihn zu einem Spiel mitnahm. Die XL-Trikots schlabberten so an den Spielerinnenkörpern herum, dass der früher vermutete erotische Aspekt des Frauenfußballs bestenfalls der Größe der frisch getrimmten Grashalme glich. Und dann winkt sie auch noch ständig. Sie soll Fußball spielen, nicht winken. Kleine Mädchen winken, während sie unbeholfen Sport treiben, als erwachsene Frau sollte man sich das abgewöhnt haben.

Jedes zweite Wochenende die Spiele ansehen zu müssen, war eine Pflicht, die Björn zusehends verdammte.

Sein Trost war, dass die Männer links und rechts von ihm ähnlich resigniert dreinblickten. Hätte einer begonnen, über das klägliche Passspiel oder die erschreckende Konzentration von Chancentoden zu lästern, wären die anderen wahrscheinlich umgehend eingestiegen. Aber die Gefahr, ungewollt die Freundin eines Anwesenden zu beleidigen, war hoch. Also schwiegen sie einig und süffelten ihr Bier. Björn trank Spezi. Regine verstolperte eine gute Chance im Sechzehner, lachte sich darüber schlapp und winkte wieder. Sie hat einfach keinen Kampfgeist, dachte er und wog kurz ab, ob er es laut aussprechen soll. Warum nicht mal vor fremden Männern über die eigene Freundin herziehen? Verdient hätte sie es, in diesem Moment. Seine Hose vibrierte. Er fischte sein Telefon heraus, las die Mitteilung, sah auf und ballte eine Siegerfaust.

Zwei Minuten später startete er auf dem Parkplatz den Motor seines Wagens. Ob der plötzliche Beifall auf dem

Sportplatz dem Anschlusstreffer der Heimmannschaft galt, interessierte ihn kein Stück. Er schlug vor Freude auf die Hupe und fuhr an. Vielleicht hätte er Regine irgendwie mitteilen sollen, dass er gehen muss. Na ja, es gab Wichtigeres. Seinen ersten Mord.

Christian Ritter
Dichter schlachten

Impressum

1. Auflage März 2012

©opyright 2012 by Autor

Umschlaggestaltung: [D] Ligo design + development
Coverbild: Marvin Ruppert
Bilder hinten: Fabian Stürtz
Lektorat: Christoph Strasser
Satz: Fred Uhde (www.buch-satz-illustration.de)

ISBN: 978-3-942920-07-0

Alle Rechte vorbehalten. Ein Nachdruck oder eine andere Verwertung ist nur mit schriftlicher Genehmigung des Verlags gestattet.
Hat Dir das Buch gefallen? Schreib uns Deine Meinung unter:
info@unsichtbar-verlag.de
Mehr Infos jederzeit im Web unter www.unsichtbar-verlag.de

Unsichtbar Verlag | Wellenburger Str. 1 | 86420 Diedorf

Christian Ritter

Dichter schlachten

Ein Poetry Slam Krimi

Allen Slammern der Welt!

Seid nicht böse, wenn ihr nicht vorkommt.

Seid erst recht nicht böse, wenn ihr vorkommt.

Ähnlichkeiten zu real existierenden Personen
liegen auf der Hand.

2

In Björns Leben gab es drei Frauen: Regine, seine Mutter und Kim. Kim hatte die SMS geschickt. Sie arbeitete mit ihm bei der Kripo, war mit ihm zusammen drei Jahre lang auf der Polizeihochschule in Berlin gewesen. Regine war die jüngste und weiblichste aller Kommissare auf dem Revier und die lebende Antithese zur Annahme, Frauen im Polizeidienst dürften nicht allzu attraktiv sein. Björn übertraf sie altersmäßig nur um zwei Monate, beide waren 27 und erst seit wenigen Wochen im Dienst.

Als Björn den Konferenzraum betrat, saß Kim zusammen mit Peter Himmel und Peter Glasow am runden Tisch. Die beiden Peter waren zusammen 80 Jahre im Dienst, mindestens genauso lang trugen sie ihre Oberlippenbärte. Kims Zugang war für sie ein zweiter oder dritter Frühling gewesen. Um Zuwendung hatte sie nicht lange werben müssen, alles unter 40 ging für die Peters ohnehin als »Jugend« durch. Björn profitierte genauso von dem Sympathiebonus an den Nachwuchs.

Wie sie so zu eng nebeneinander am Tisch saßen, Kim eingerahmt von Glasow und Himmel, die Unterlagen vor sich gestreut, sahen sie aus wie eine Casting-Jury. Björn verzichtete auf einen ausdrucksstarken Walk und setzte sich dazu.

»Ein Mord?«

»Ein Mord«, bestätigte Glasow. »Da freuen Sie sich, was?«

»Ein bisschen.«

»Das junge Fräulein ist auch schon ganz aufgeregt«, ergänzte Himmel trocken.

Kim zeigte keine Reaktion.

»Wie, wo, wer?«, fragte Björn voll Tatendrang.

Himmel schob ihm einen Ausdruck über den Tisch und las sein eigenes Exemplar laut vor: »Dominika Dzierwa, 22 Jahre alt, Studentin der Philosophie und der Germanistik, aufgefunden im Treppenhaus ihres Mietshauses, erdrosselt – mit hoher Wahrscheinlichkeit. Wir haben erst mit ein paar Nachbarn gesprochen. Die Eltern wohnen in Polen. Sie werden grade informiert – mit mittlerer Wahrscheinlichkeit.«

»Soll heißen?«, fragte Björn.

»Sofern die polnischen Kollegen nichts Besseres zu tun haben. Wer weiß.«

Kim und Björn wechselten einen Blick. Himmel registrierte ihn und wurde etwas laut:

»Ich meine nicht, weil sie wodkaselig auf ihren Schreibtischen schlafen! Mann! Sie sind nur grade etwas untersetzt, hat der Kollege in Radom gesagt, und niemand reißt sich drum.«

Himmel sah in die Runde, erweckte den Eindruck, noch etwas hinzufügen zu wollen, schwieg dann aber nur.

»Fahren wir zum Tatort?«, fragte Björn.

Himmel lachte kurz auf.

Glasow übersetzte: »Da ist schon genug Tumult. Spusi und Rechtsmedizin sind im Gange und die Kollegen Böhmer und von Wartburg reden mit dem ganzen Haus.«

Björns Euphorie erlahmte für den Moment ein wenig. Im Gegensatz zu den Polen war ihre Abteilung stark übersetzt. Manchmal kam er sich wie der Praktikant vor. Er beobachtete, wie Glasows Lippen einen weiteren Satz formten: »Sie beide können jetzt Kaffee kochen gehen – und rühren Sie drei Stück Zucker ein.«

»Was?«, fragte Björn zornig.

»Sie beide können den Freundeskreis auskundschaften, habe ich gesagt. Und ihn erst mal finden, noch wissen wir nichts über ihre sozialen Kontakte.«

»Internet!«, fügte Himmel süßlich hinzu, als würde er seinen Enkeln einen kandierten Apfel anpreisen.

»Wird gemacht«, sagte Kim hastig, während sie schon ihren Stuhl zurückschob. Björn schloss sich ihr wortlos an und sie machten sich auf den Weg in ihr Büro. Peter und Peter blieben im Konferenzraum. Der Fernseher dort war mit Pay-TV ausgestattet und schließlich war Samstagnachmittag.

»Sag mir nicht, dass du ernsthaft angepisst bist, weil du nicht zum Tatort darfst!«, sagte Kim, als sie sich an ihre Seite des Doppelschreibtischs setzte.

»Gut, dann sag ich's eben nicht«, antwortete Björn und fuhr seinen Computer hoch. Er erinnerte sich an einen Satz aus der ersten Vorlesung in der Polizeihochschule: *Glauben Sie nicht, dass irgendetwas davon, was sie im Fernsehen sehen, etwas mit Ermittlungsarbeit zu tun hat.* Die Leiche hätte er trotzdem gern gesehen.

»Sie lassen dich schon noch mitspielen.«, sagte Kim. Manchmal erschien ihm ihr Mutterkomplex zu sehr ausgeprägt. Er blieb lieber pragmatisch:

»Dann machen wir mal das, was wir am besten können: googeln.«

Eine Minute später griff er zum Handy.

3

Regine hatte ein Tor geschossen. Das Unentschieden wurde in der Umkleidekabine mit Sekt begossen. Der siebte Punkt der Saison bedeutete ein tendenzielles Abrücken von den Abstiegsplätzen. Zwar konnte man in ihrer Spielklasse überhaupt nicht absteigen, solange es aber noch schlechtere Mannschaften als sie gab, gab es auch nach jedem Spieltag einen Grund zu feiern. Regine stand unter der Dusche und reichte die Sektflasche weiter, als Christin mit ihrem Handy in der Tür auftauchte: »Dein Typ will dich sprechen. – Ich bin einfach mal ran gegangen.«

»Sag ihm, ich kann grade nicht.«

Nach ihrem Tor war sie intuitiv in Richtung seines Zuschauerplatzes gerannt, um sich persönlich bejubeln zu lassen. Erst vor der Bande hatte sie bemerkt, dass er gegangen war. Es war ein ziemlicher Dämpfer ihrer Freude gewesen.

»Er sagt, es ist sehr wichtig. – Und es tut ihm leid, dass er abgehauen ist.«

Den zweiten Teil hatte sie dazu gedichtet. Christin war immer für Harmonie.

»Leg ihn auf die Bank. Wenn ich trocken bin, rede ich mit ihm.«

»Sie ist gleich so weit«, sagte Christin ins Telefon und legte es ab.

Björn stöhnte genervt auf.

Früher als erwartet hörte er Regines angeschickerte, trotzige Stimme:

»Wo bist du?«

»Auf dem Revier.«

»Konntest du nicht tschüs sagen?«

»Kannst du bitte mal rausgehen? Es ist wichtig.«

»Ich hab ein Tor geschossen.«

»Bravo. Regine, es ist wirklich wichtig ...«

Das mit dem Tor hätte er wirklich nicht erwartet.

»Jaja, mach dich nur lustig. Warte - - - Bin draußen. Was gibt's?«

»Setz dich mal am besten irgendwo hin.«

Regine bekam eine Gänsehaut. Nicht nur weil sie nichts als ein Handtuch trug. Wenn Björn so etwas sagte, war er grade nicht ihr Freund, sondern Kommissar Hahne. Sie setzte sich auf den Boden und wartete mit zunehmender Unsicherheit, wie das Gespräch weiter gehen würde.

»Ich sitze.«

»Du bist bei Facebook mit Dominika Dzierwa befreundet.«

»Ähm, ja.«

Es war ein zögerndes Ähm, ein gleichgültiges ja. Björn war froh darüber. Wäre ihr Kontakt allzu intensiv, hätte er zuhause noch den Psychiater spielen müssen.

»Woher kennst du sie?«

»Mal ein Seminar zusammen gehabt.«

»Also nicht eng befreundet?«

»Nö, gar nicht.«

Gut und schlecht, dachte Björn.

»Du weißt auch nicht, mit wem sie zur Zeit zu tun hat?«

»Nö.«

Björn überlegte.

»Kannst du mir dein Facebook-Passwort geben? Ich würde gerne auf ihre Wall schauen ... beruflich.« In das »beruflich« legte er alle Ernsthaftigkeit, die er aufbieten konnte.

»Was soll denn das? Dann werde eben ihr Freund.«
»Zu spät.«
Kurz wurde es still.
»Scheiße, ist sie tot?«
Glauben Sie nicht, dass irgendetwas davon, was sie im Fernsehen sehen, etwas mit Ermittlungsarbeit zu tun hat.
Er verzichtete dementsprechend auf die bedeutsame Pause und bestätigte einfach: »Ja, tot.«
Kim strafte ihn über den Schreibtisch hinweg mit ihrem bösesten Gesichtsausdruck ab und wischte die Hand vor der Stirn.
Regine gab ihm ihr Passwort und versprach widerwillig, die Nachricht für sich zu behalten. »Wir reden später drüber.«, versprach er zum Abschied und ließ sie halbnackt auf dem kargen Katakombenflur des Sportheims sitzen.
Kim war dezent aufgebracht: »Ein-füh-lungs-ver-mö-gen. Schon mal gehört?«
»Sie kannten sich kaum. Regine kann das schon ab.«
»Wir schicken jeden, der vom Mord eines Bekannten erfährt, zum Polizeipsychologen. Das ist Routine. Für deine Freundin gilt das nicht?«
Björn hatte den letzten Satz überhört. Er loggte sich mit Regines Daten ein.

»Treffer«, sagte er. Kim umrundete den Schreibtisch. Dominika Dzierwa war wie erhofft sehr mitteilsam. Ihr letzter Eintrag stammte vom vorigen Nachmittag, 15.20 Uhr: »Heute Abend endlich wieder Poetry Slam!!!« Darunter nur ein Kommentar: »Supi. Ich freu mich. Hole dich um 7 ab.« Geschrieben von …

4

Sabine Meyer heulte sich in Kims Armen aus. Sie besaß eine Sofakuschellandschaft, auf der es auch drei Basketballspieler hätten lauschig haben können. Mit ausgestreckten Beinen reichte sie nicht an die Sitzkante heran. Kim streichelte und streichelte und flüsterte und tröstete, Björn hatte sich einen blassfarbenen Ikea-Schalenstuhl genommen und sich verkehrt herum darauf platziert, den Blick auf das Sofa gerichtet. Das ging nun schon ein paar Minuten so.

Sabine Meyer, deren Adresse trotz ihres Pauschalnamens leicht zu ermitteln gewesen war, war recht euphorischer Stimmung gewesen, als Björn und Kim bei ihr eingetroffen waren. Sie hatte Kuchen gebacken und zu laut Radio gehört. Sie zählte zu der Sorte Mensch, die nicht gleich mit dem Schlimmsten rechnet, wenn zwei Kripo-Beamte an der Tür klingeln. Umso härter hatte es sie getroffen, als sie vom Ableben ihrer, wie schnell klar wurde, besten Freundin erfahren hatte. Die Schockstarre hatte sie komplett ausgelassen und direkt losgeheult. Der zuvor angepriesene selbst zubereitete Eistee war verständlicherweise zur Nebensache geworden, also bediente sich Björn selbst, nahm sich ein Glas und drehte den Wasserhahn auf.
»Nein«, schluchzte es bestimmt von hinten. Es war keines der leidenden Neins mehr, die Hilflosigkeit ausdrückten, es war ein Verbotsnein.
»Nein, trinken Sie doch nicht aus dem Hahn.«, sagte Sabine Meyer, streifte Kims Umarmung ab, robbte sich vom Sofa und ging zu Björn in den Küchenbereich.

»Ich hab da so einen Filter, das ist besser.« Björn dachte an seine Mutter. Sie besaß auch einen dieser Wasserfilter und versenkte sogar ständig irgendwelche Salzkristalle darin. Sabine Meyer schenkte drei Gläser gefiltertes Wasser ein und schlurfte zurück auf ihre Liegewiese. Björn folgte mit den Gläsern. »Können wir Ihnen ein paar Fragen stellen?«, fragte Kim.

»Ja, klar«, sagte Sabine Meyer, ihre Augen mit dem Ärmel trocknend.

Björn hielt sich raus und trank sein Wasser.

»Sie waren zusammen auf dem Poetry Slam?«

»Ja.«

»Wann sind Sie gegangen?«

»Es ging recht lang. Die haben so lange Pausen gemacht. Es war erst nach Mitternacht vorbei. Wir sind noch eine Stunde geblieben danach.«

»Sind Sie zusammen gegangen?«

»Ja. Bis zu Domis Wohnung zusammen. Sie wohnt ja auf meinem Weg.«

»Haben Sie gesehen, wie sie das Haus betritt?«

»Ja – nein! Sie wollte noch eine rauchen, bevor sie reinging. In ihrer Wohnung raucht sie ja nicht. Ich bin weitergegangen, weil ich so müde …«

Ihr Blick wurde leer, sie still, der nächste Heulkrampf kündigte sich knarrend in ihrer Kehle an.

Björn übernahm nach seiner Meinung nach angemessener Zeit: »Ist an dem Abend irgendwas Besonderes vorgefallen? War etwas anders als sonst?«

»Nicht wirklich. Wir waren schon öfter beim Slam. Das lief so wie immer. Aber es war schon aufregender diesmal, weil wir in der Jury saßen.«

Björn rückversicherte sich mit einem Blick bei Kim, dass bei ihr kein Erklärungsbedarf bestand. Mit den Rahmenbedingungen eines Poetry Slams waren alle Anwesenden vertraut.

»Waren Sie beide einzeln in der Jury oder zusammen?«

»Zusammen. Eigentlich. Aber Domi hat den Block immer hochgehalten. Ich habe sie beraten. Wir waren uns immer einig. Bis auf einmal. Der eine Text hat Domi gar nicht gefallen. Ich hätte ihm 9 Punkte gegeben, sie hat nur die 6 hochgehalten. Der Moderator hat sie noch gefragt, ob sie vielleicht einen Drehwurm hat, das hab ich mir gemerkt. Aber sie blieb bei der 6. Das Publikum hat sie dann ausgebuht. Sie fand das großartig.«

»Bei welchem Vortrag war das?«

»Beim Text von Andy Krauß.«

»Hat dieser Krauß sie darauf angesprochen? Oder sonst jemand?«

Sie dachte etwas länger konzentriert nach.

»Nö. Wir haben noch mit ein paar Leuten an der Bar geredet, aber die hatten vielleicht gar nicht gesehen, dass wir in der Jury waren. Und so richtig wichtig nimmt die Noten ja eh niemand.«

»Wer weiß«, nuschelte Kim, während sie ihren Notizblock bekritzelte. Kaum ausgeschrieben, fuhr sie deutlicher fort: »Das genügt fürs Erste. Wir können ja noch mal vorbeikommen, wenn wir mehr wissen wollen.« Eine Stimmlage gefühlvoller: »Wir würden Sie gern noch mit einem Polizeipsychologen zusammenbringen.«

»Echt? Das ist ja wie bei Domian.«

Björn huschte ein Lächeln übers Gesicht.

»Ja, echt. Wir bestellen ihn gleich hierher.«

»Das ist wahrscheinlich ganz gut«, sagte Sabine Meyer resigniert. Sie blickte eine Weile verloren vor sich hin, dann bildete sich eine Denkerfalte zwischen ihren Augen.

»Sie haben mir gar nicht gesagt, wie Domi – also, ja, wie denn? Wurde sie erschossen?«

Björn verkniff es sich, sein Wissen darüber auszubreiten, dass die wenigsten Tötungsdelikte mit Schusswaffen begangen werden und sagte nur: »Nein. Sie müssen nicht wissen, wie.«

»Ich will es aber wissen.«, sagte sie trotzig.

Björn machte eine auffordernde Handbewegung in Richtung Kim. Sie sollte entscheiden. Sie entschied schnell, legte ihre Hand auf Sabine Meyers Schulter und sagte es ihr.

»Erdrosselt? Was ist das? Mit einem Strick?«

»Ja, oder etwas Ähnlichem.«

Sabine Meyer wurde panisch. Zum ersten Mal schrie sie: »VON HINTEN? ERWÜRGT VON HINTEN? MIT EINEM STRICK? ODER EINER HUNDELEINE?«

Björn und Kim sahen sich überrascht an. Sabine Meyer atmete schneller, hyperventilierte fast: »Von hinten mit einer Leine? Sagen Sie doch.«

»Ja, zum Beispiel.«, bestätigte Kim unsicher.

Sabine Meyer verlor jegliche Farbe aus dem Gesicht.

»Oh Gott! Oh Gott! Scheiße! Das ist ja …«

»Ja, es ist grausam«, versuchte Kim sie zu beruhigen.

»Das ist ja wie in dem Text gestern! Dem Text von …«

5

Andy Krauß machte auf Höhe der Straßenmusikanten gleich hinter der Porta Nigra halt. Den Fußweg zur Veranstaltungsstätte kannte er dank mehrerer absolvierter Auftritte. Das einzige Manko an Auftritten in Trier ist die beschwerliche IC- und Regio-Zuganreise ab Frankfurt, dafür sieht man aber die Loreley auf der Strecke. Er hatte noch ein wenig Zeit und wog ab zwischen Eis, Kaffee oder Bier auf dem Weg und lauschte dem dreistimmigen Gitarrenzupfen der mexikanisch anmutenden Musiker. Hätte er sein Aufladegerät nicht zwei Tage zuvor in Nürnberg liegenlassen – die Doppeldusche des Moderators hatte ihn derart fasziniert, dass er keine Augen mehr für seine Reiseutensilien gehabt hatte – hätte sein Handy in diesem Augenblick seinen Klingelton abgespielt: »Space Invaders« von Pornophonique.

6

»Not available at present«, ließ Kim vernehmen. Sie saßen wieder in der Viererrunde auf dem Revier. In der Zwischenzeit hatten sie dem Veranstalter des gestrigen Poetry Slams einen Besuch abgestattet. Er hatte ihnen bereitwillig seine Handykontakte bereitgestellt und sein vorläufiges Schweigen versichert. Im Fernseher lief stumm die Tagesschau.

Björn saß mit Kopfhörern an einem der Dienstlaptops und durchforstete YouTube nach dem betreffenden Text Andy Krauß'. Wie dieser nun genau hieß, hatte Markim Zausel, der Veranstalter und Moderator des Slams, nicht mitteilen können. Er gehe öfter mal während der Vorträge backstage rauchen, hatte er ihnen gestanden. Wenn sie eine Zusammenfassung oder Interpretation des Textes haben möchten, sollten sie seinen Kollegen in Erlangen anrufen, der sei dafür bekannt, das Geschehen auf der Bühne aufmerksam zu verfolgen und virtuos zu kommentieren. Der Erlanger Kollege war allerdings momentan nach Stuttgart unterwegs und hatte sein Handy ausgeschaltet.

Kim erklärte derweil den Kollegen Petern, wie ein Poetry Slam vor sich geht. Sie kannte sich gut aus, vor Jahren in der Schule hatte sie ein Referat zum Thema gehalten und eine 1,3 dafür bekommen. Die sakralen Begriffe »Chicago«, »1986« und »Bauarbeiter« nahm sie dennoch nicht in den Mund, sondern beschränkte sich auf wenige simple Sätze, die keine Nachfrage provozieren sollten. Sollten.

»Also die singen dann?«, fragte Himmel.

»Nein. Hab ich doch gesagt. Das ist verboten. Die reden nur. Also lesen ab oder tragen einen Text auswendig vor.«

»Sie sagen Gedichte auf, Peter«, wollte Glasow erklärend aushelfen.

Kim korrigierte ihn halbwegs, startete die Einführung noch einmal von vorne und wurde sogleich von Björn unterbrochen.

»Ich glaube ich hab's«, sagte er, zog die Kopfhörer aus der Buchse und drehte den Bildschirm den anderen zu. Zu sehen war das Standbild eines jungen, aufgeschossenen Mannes mit angelocktem, braunem Haar, das ihm wie ein Vorhang beidseitig über Augen und Wangen fiel. Er trug eine Jeans mit großen Löchern im Kniebereich, ein T-Shirt mit bunten Vögeln und stand verkrümmt am Mikrofon. »Andy Krauß – Abschlepper«, war der Titel, Björn startete bei Minute 4.14:

In einer Nacht schleppst du das Leben ab, glaubst du. Vor deiner Wohnungstür wendet sich das Blatt. Das Leben nimmt dich hart von hinten, schnürt dir die Kehle zu. Du zuckst ein letztes Mal, das Leben geht, dreht noch mal um und sagt: »Das gehört auch dazu.«

Nach der doppeldeutigen Stelle waren vereinzelt Lacher zu hören, im Anschluss absolute Stille, bis Krauß vom Mikrofon trat. Der Applaus am Ende des Videos war jäh abgeschnitten.

»Aha«, kommentierte Himmel.

»Soso«, ergänzte Glasow. »Was bringt uns das nun?«

Kim war ob der Reaktionen leicht aufgebracht: »Wurde sie nicht vor ihrer Wohnung gefunden? Erdrosselt, die ›Kehle zugeschnürt‹, hinterrücks?«

Peter und Peter nickten.

»Der Text ist eine Anleitung. Vielleicht ist Krauß der Täter.«

»Lassen Sie mal die Kühe im Dorf«, sagte Glasow. Niemand korrigierte ihn. »Jeder ist verdächtig. Jeder, der gestern Abend dabei war. Und jeder, der nicht dabei war und Frau ...«, er spickte auf einen vor ihm liegenden Zettel, »Dzierwa kennt. Das kann auch alles Zufall sein mit diesem Gedicht. Interessanter ist grade die Frage, wie sie überhaupt vor ihre Wohnung kommen konnte.«

Dominika Dzierwa bewohnte eine WG im oberen Stock eines vierstöckigen Miethauses. Sie war erst mittags von einem Mitbewohner vor der Tür aufgefunden worden. Der Tod war der Rechtsmedizin zufolge zwischen 1 und 3 Uhr nachts eingetreten.

Glasow fuhrt fort: »Sie muss mit ihrem Mörder nach oben gegangen sein, oder er hat sie nach der Tat völlig geräuschlos nach oben befördert. Die Nachbarn haben nichts gehört.«

Björn mischte sich ein: »Er kann auch oben gewartet haben. Sie ist ja höchstwahrscheinlich allein ins Haus gegangen, nachdem ihre Freundin sich verabschiedet und sie noch eine geraucht hat.«

»Höchst-wahr-schein-lich«, betonte Kim nach.

Himmel hatte in der Zwischenzeit ein Päckchen Zigaretten aus der Tasche gezogen und auf den Tisch gelegt. Er tippte wiederholt auf den Warnhinweis:

RAUCHEN KANN TÖDLICH SEIN.

7

Andy Krauß trat seine Kippe aus. Er hatte sich für das Wegbier entschieden, leerte die Flasche und ließ sie am Rand des Durchgangstors zum Innenhof stehen. Dort erwarteten ihn neben einer Menschentraube, die mit Nachdruck Einlass begehrte (»Tür auf, sonst Zahn raus!«), auch seine Konkurrenten für den heutigen Abend: Mo Schimmer, Franz, Moritz Bienenbang und Frau Line, die auch am Vortag mit ihm aufgetreten waren, standen mit drei nervösen Trierer Erststartern, Hanna Tanner und Pierre Zahnwaran im Kreis. Hanna und die »Locals«, wie man in der Szene sagt, kannte Krauß nicht und reichte ihnen die Hand, für die anderen gab es eine Umarmung zur Begrüßung. Zahnwaran war aus Richtung Norden angereist und hatte bereits vom Verlauf der vorherigen Nacht erfahren. Für ihn war es nicht verwunderlich, dass Krauß sich nicht zur vereinbarten Zeit an Franz' Auto eingefunden hatte, um gemeinsam nach Trier weiterzureisen. Zwar entsteht bei mehreren gemeinsamen Auftritten hintereinander eine Art Gruppendynamik und Schulausflugsfeeling, jedoch nicht so weit ausgeprägt, dass man es nicht zugunsten einer Spontanübernachtung bei einer Zufallsbekanntschaft hintanstellen könnte. Zur Not – und meist auch ohne Not – findet jeder Slammer auf sich gestellt rechtzeitig ans Ziel. Mit seiner Ankunft eine halbe Stunde vor Beginn bestätigte Krauß diese Regel stummschweigend.

»Gehen wir rein?«, fragte er. Der Slammertross setzte sich unter seiner Führung in Bewegung. Sie drängelten sich an der Kassenschlange vorbei, ernteten ein paar missbilligende

Blicke von Zuschauern, die sie noch nicht kannten, und trafen im Backstageraum auf den Moderator, der im Begriff war, seinen Bart zu wichsen.

Wie nun ausgerechnet Käpt'n Zwirbelbart dazu kam, den Trierer Slam zu moderieren, blieb Andy Krauß ein Rätsel, allerdings keines, das er sich genötigt sah zu lösen. Er hatte sich auch nie die Mühe gemacht, sich seinen richtigen Namen zu merken.

Man nahm die bereitstehenden Tische und Sofas ein, Mo Schimmer verteilte Bier aus dem Kühlschrank, ohne zu wissen, ob es eigens für sie oder nur zufällig dort bereitstand. Franz aktualisierte seine Facebook-Statusmeldung via Smartphone, Frau Line lästerte mit Hanna Tanner über slammende Frauen, die bei ihren Auftritten eher ihre Körper als ihre Texte zum Votum stellen, und Moritz Bienenbang brauchte nicht lange, um zwei der Trierer Jungpoeten in einen Freestylebattle zu verwickeln. Ein typisches Slamvorgeplänkel, dachte einer der Anwesenden, bei *Aktenzeichen XY* würde es heißen »Es war ein Abend wie jeder andere. Zu diesem Zeitpunkt ahnte noch niemand, dass ...«. Michael aus Trier fragte in die Runde, ob der Slam denn pünktlich um neun Uhr anfangen würde und löste gesteigerte Heiterkeit aus.

Ein echter Slam beginnt niemals pünktlich.

8

Björn kam kurz nach Mitternacht nach Hause. Dass er Regine nicht antreffen würde, wusste er. Sie hatte ihm jedes Mal eine Kurzmitteilung geschickt, wenn sie mit ihrer Fußballmannschaft den Standort gewechselt hatte. Die ersten beiden Male hatte Björn zurück geschrieben, dass er noch einige Zeit im Revier beschäftigt sein werde, danach war er davon ausgegangen, Regine könne sich zusammenkombinieren, dass die Antwort noch immer Gültigkeit besitzt. Der Schock über den Verlust ihrer einstigen Kommilitonin scheint nicht übermäßig gewesen zu sein, ihre Mitteilungen klangen beschwingt. Gerade sollte sich die Mannschaft laut Information von 23.23 Uhr im *Cosmos* befinden und Karaoke singen. Björn stellte sich vor, wie Regine Arm in Arm mit ihrer lesbischen Torfrau auf der Bühne herumwankt, ein hellblaues Plastikmikrofon hält und »Ich will nen Cowboy als Mann« hinein grölt, wobei Gerdi, die Torfrau, immer »Cowgirl« und »Frau« singt. Gut, dass er nicht einen Moment überlegt hat, sich anzuschließen.

Er entschied, diesen besonderen Tag in Gesellschaft einer Flasche Bier auf dem Balkon ausklingen zu lassen. Auf seinen ersten Mord. Er schnappte sich ein Astra aus dem Kühlschrank, öffnete die Balkontür und trat hinaus. Kurz überlegte er, sein Hemd auszuziehen oder wenigstens aufzuknöpfen, einen verkniffenen Blick über die Stadt schweifen zu lassen und dem zu fassenden Mörder verschworen zuzuprosten. Wir haben eine Verabredung, könnte man dazu raunen, das Spiel beginnt, ginge auch. Aber ohne eine Fernsehkamera vorm Gesicht macht eine solche Aktion wenig Sinn. Außerdem hatte es nur 10 Grad. Er setzte sich in den Klappstuhl und trank.

Auf seinem Handy auf dem Küchentisch kam eine Nachricht von Regine an: »Ich will zurück nach Westerland.« Deutschrockstunde im *Cosmos*.

9

After Slam Party in Trier. Mo Schimmer regte sich im Backstageraum über einen Textbeitrag auf: »Das kann der doch nicht ernst meinen! Der ist ja schlimmer als dieser, dieser ... Schlick? Der hat gesagt, man soll ein Notebook Klapprechner nennen, der Spasti. Sprache bewahren, Sprache bewahren. Kotzen könnte ich. DIE SPRACHE IST IM FLUSS! Da gehört der Depp auch hin.« Er sprach und schrie nicht direkt jemanden an. Hanna Tanner hatte kein Interesse an einer Diskussion, sie war noch mit der Verarbeitung ihrer 16,5 Punkte und dem Vorrundenaus beschäftigt. Moritz Bienenbang war bereits zu betrunken, um mehr als zustimmendes Nicken und »Sprachnazis! Alllles Sprachnazis!« zu erwidern. Der Kühlschrank war mittlerweile geleert, wie Schimmer resigniert feststellte. Er setzte sich zu Bienenbang aufs Sofa, zog Longpapes aus der Tasche und hetzte gegen einen anderen Text, der ihm aus Gruppennamen sozialer Netzwerke zusammengebastelt schien. Das restliche Line-Up befand sich an der Bar, um mit Andy Krauß seinen Sieg zu feiern. Es gab Jägermeister. Das Publikum hatte sich größtenteils ausgetauscht. Seit Datumswechsel spielte der DJ Deep House Electro, nur wenige Slamzuseher waren den beiden kulturellen Höhepunkten des Abends gleichermaßen aufgeschlossen. Die Verbliebenen hatten sich um die überschaubare Feierrunde der Künstler herum versammelt, teilweise mit der Absicht, mehr als das gesprochene Wort mit ihnen zu teilen. Auch ein Journalist vom *Trierischen Volksfreund* versuchte sich zu integrieren. Er klebte hartnäckig an Andy Krauß und arbeitete seine Fragenliste an ihm ab, was ihn dank Desinteresse und Zuprostrunden zunehmend entnervte. Dabei stellte er teils durchaus vernünftige Fragen – und hätte er einen günstigeren Zeitpunkt gewählt, wären auch die Antworten ernsthafter geraten. Nachdem er sich Notizen zu Schreibbiografie und Auftrittsmotivation gemacht hatte, geriet er gar ins Interpretieren des Finaltextes. Krauß schenkte ihm einen Jägermeister ein und für kurze Zeit seine Aufmerksamkeit.

»Also, Andy, in der Vorrunde war das ja eher ein, ähm, lustiger Text.«

»Ja, lustig, eher, ja.«

»So eine Deliriumsgeschichte mit Erinnerungslücken.«

»Ich weiß. Ich hab's geschrieben.«

»Hat mir sehr gut gefallen. Im Finale dann ein, sagen wir mal, Plädoyer für den Frieden auf Erden?«

»Klingt ein bisschen hoch. Schreib lieber, ein Plädoyer für gewaltfreie Konfliktlösung.«

»In Ordnung. Ich habe mir Notizen gemacht. Deinen zentralen Satz könnte ich mir gut als Überschrift vorstellen.«

»Der Satz war schon letzte Woche in der Hannoverschen Zeitung Überschrift.«

Kurz wirkte der Redakteur enttäuscht, kam aber schnell auf eine tragbare Lösung: »Das ist weit genug weg.«

»Auch gut.«

»Dann machen wir das. Soll ich dir ein Belegexemplar zuschicken?«

»Wenn du meinen Namen richtig schreibst und das online kommt, erfahre ich es schon. Ich habe einen täglichen Google Alert für mich. Prost.«

Hiermit war das Interview beendet.

Im Kulturteil des *Volksfreunds* sollte am Montag ein Artikel unter der Überschrift »Meine Zunge ist meine Schleuder« erscheinen.

10

Björn konnte nicht schlafen. Er trat aus dem Schlafzimmer, ging im Flur auf und ab, rückte einen Kandinsky-Kunstdruck gerade und dachte nach über Andy Krauß, Sabine Meyer und Dominika Dzierwa. Sie war tot. Mittlerweile sollten es ihre Eltern erfahren haben. Ein Kind verlieren. Gibt es etwas Schlimmeres? Nein, nicht mal selbst sterben ist so schlimm. Warum Dominika? Für ihre Freunde Domi, so hatte Sabine Meyer sie genannt. Weil sie einen Poetry Slam besucht hat? Quatsch. Es muss schon einen triftigeren Grund geben. Beziehungstaten sind ganz weit oben in der Statistik. Ein heimlicher Freund? Ein Freund, von dem sie selbst nichts wusste, ein Stalker? Drogenhandel? Warum nicht? Alles möglich. Sie könnte auch Pornos gedreht oder sechsstellige Spielschulden haben. Sabine Meyer war nicht rund um die Uhr mit ihr zusammen. Man kann glauben, jemanden gut zu kennen, man wird nur so viel über ihn erfahren, wie er zulässt. Ein Kind verlieren.

Ob Regine Kinder will? Na sichi, würde sie sagen, später mal hundert Pro. Regine ist keine sehr geheimnisvolle Person.

Er war im Wohn- und Arbeitszimmer angekommen und drehte nun dort seine Runden. Regines Klavier stand dominant an der Wand. Sie spielte *Für Elise*. Immer wenn sie spielte, spielte sie *Für Elise*.

Sie kann doch nicht ihr ganzes Leben lang *Für Elise* spielen! Dafür ist ein Klavier nicht gemacht. Man fährt doch mit einem Offroad-Truck nicht nur in der Spielstraße. Sie könnte auch mal andere leichte Stücke probieren oder sich was Größeres trauen, die Mondscheinsonate, den *Minute*

Waltz, den *Ungarischen Tanz*, die *Kleine Nachtmusik*. Das hätte er gedacht, hätte er die Stücke gekannt. Sie kann doch nicht ihr ganzes Leben lang *Für Elise* spielen, dachte er. Er setzte sich auf den Klavierschemel und klimperte herum. Entchen klein, das konnte er, im Ansatz, aber das Klavier war nun mal nicht sein Metier. Das gehörte Regine. Und Elise. Er stand auf, ging die wenigen Schritte zu seinem Schreibtisch und machte sich an der Klaviatur zu schaffen, die ihm mehr lag: Der Tastatur seines Notebooks. Ohne groß nachzudenken, tippte er den ersten Satz: *Das Verhältnis Brustgröße zu Trikotweite könnte man optimieren.*

11

It's my party and I'll cry if I want to.
Fragen taten sich auf.
Cry if I'll want to, cry if I'll want to.
Wann war Regine, die in Embryonalstellung neben ihm im Bett ausdünstete, nach Hause gekommen?
You would cry too if it happened to you.
Weshalb hatte er von Elisabeth der Großen geträumt? Und wer hatte ihm diesen bescheuerten Klingelton aufs Telefon geladen? Die Antwort auf die letzte Frage vermutete er im Display zu sehen: Kim.

»Kim!«
»Guten Morgen.«
»It's my party?«
»Du solltest dein Handy nicht immer herumliegen lassen. Ich hab den Ton nur für mich eingestellt.«
Er nahm das Telefon vom Ohr und versuchte, oben rechts die Uhrzeit zu entziffern. Die Schriftschärfe variierte.
»Es ist Sonntag und es ist 9 Uhr. Ich hatte erst fünf Stunden Schlaf.«
»Du wirst nicht mehr bekommen.«
»Warum?«
Kim legte eine Kunstpause ein. »Bei Anruf Mord.«
Und schon war Björn voll da. Er richtete sich so ruckartig auf, dass Regine leicht erschüttert wurde und einige leidende Laute von sich gab. Sie drehte sich auf die andere Seite und verstummte wieder. Kim briefte Björn über das Geschehen in Trier. »Meeting um 11 Uhr auf dem Revier.«

»Warum erst um elf?«
»Die Peters müssen erst in die Kirche.«

12

Die schweren Glocken des Doms ließen Andy Krauß erwachen. Er brauchte nicht lange, um sich in fremden Umgebungen zu orientieren, an den wenigsten Tagen schlief er in seinem eigenen Bett. Wie war noch mal ihr Name? Sabine. Nein, die war gestern. Tassen geben oft Aufschluss. Tassen oder Putzpläne oder Stickereien auf Handtüchern. Klingelschilder sind eher ungeeignet, auf denen steht meistens nur der Nachname. Er ließ seine Gastgeberin im Bett zurück, steuerte die Küche an und besah sich aufmerksam das Geschirrinventar. »Andreas, der Starke« stand auf einer benutzten Tasse. Mitbewohner oder Ex oder Aktueller. Auf jeden Fall wohnt sie nicht allein. Er sah in den Kühlschrank. Bingo, eine ordentliche Mädels-WG mit getrennten Fächern, natürlich beschriftet, damit der Herrenbesuch nicht versehentlich die Yogurette der falschen Dame wegfuttert. Tati, Lisa und Mona standen zur Auswahl. Jetzt war es nicht mehr schwer. Mona, das war seine. Er erinnerte sich, kürzlich diesen Namen geschrien zu haben. Kaum war dieses Rätsel gelöst, kam Mona in Krauß' T-Shirt in die Küche geschlurft.

»Wann musst du weg?«, fragte sie.

Er zuckte mit den Schultern. Er musste abends gegen 20 Uhr in München sein. Wie er dorthin kommen sollte, wusste er noch nicht.

»Gibt es hier einen Flughafen?«, fragte er.

»Geh du mal duschen, ich schau nach.« Mona schubste ihn Richtung Badezimmer und klemmte sich hinter ihr Notebook.

20 Minuten später tropften seine Haare Monas Sofa voll und er schickte eine SMS an einen der Münchner Slammaster. Die Antwort traf postwendend ein:

Nein, wir werden dir keinen 500-Euro-Flug von Luxemburg nach München zahlen! Bis heute Abend!

»Mist! Dann muss ich sechs Stunden Zug fahren.«

Mona bemitleidete ihn von der Kochstelle aus, an der sie die Rühreier in der Pfanne gerade mit verschiedenen Gewürzen berieselte. »Aber hast du nicht gestern gesagt, die anderen sind mit dem Auto da?«

Andy Krauß haute sich an die Stirn.

Moritz Bienenbang ging als Einziger an sein Telefon. Nachts hatte er sich als Erster in einem der Viererzimmer der Jugendherberge abgelegt, die für sie gebucht waren.

»Ich bin hier ganz alleine«, jammerte er. Seine Stimmlage ließ auf einen brummenden Schädel rückschließen. »Bist du heute mit mir in München?« fragte Krauß.

»Ja, das haben wir gestern doch schon besprochen. Abfahrt 11 Uhr hier im Hof, Franz fährt ... wer sonst?!«

»Ach?« Krauß schielte auf die Ofenanzeige, 10.33 Uhr. »Krieg ich hin.«

»Huch, ich bin doch nicht alleine. Line und Hanna rauchen draußen, sehe ich grade.«

»Komischer Typ.«

»Wer?«

»Dieser Hanner.«

»Das ist eine Frau.«

»Mit seeehr breiten Schultern, mein Freund.«

»Vielleicht war sie mal DDR-Schwimmerin.«

»Der fährt aber nicht mit nach München???«
»Quatscho.«
»Dann haben wir schon ein Gesprächsthema. – Ich muss los.« Der zweite Satz war nach Gesprächsbeendigung an Mona gerichtet.

»Wieso plant ihr eigentlich keine angenehmen Touren mit kurzen Wegen?« fragte sie, als sie ihm Eier auf den Teller schaufelte.

»Das machen wir oft genug. Wir lieben das Risiko. Hast du Tabasco?«

Als Andy Krauß zwei Minuten vor elf an der Eingangspforte der Jugendherberge eintraf, näherte sich ihm Mo Schimmer aus der anderen Richtung. Franz' Mädchenlache aus dem Hof heraus war nicht zu überhören.

Die Pferdchen waren wieder alle im Stall. Und eines von ihnen war in der Nacht zuvor sehr böse gewesen. Zehn Minuten nach elf verließen sie die Stadt.

13

»Du bist zehn Minuten zu spät, Peter«, raunte Himmel Glasow an. Peter Glasow ließ keine Entschuldigungsabsicht erkennen und trat grinsend in den Raum. Er reckte eine dünne Plastiktüte wie den heiligen Gral in die Luft und verkündete: »Ich habe Würstchen!« Kim, Björn und Peter Himmel entgegneten nichts. Sie waren bereits alle in ungefährer Kenntnis des Tathergangs, spätestens seitdem war jeder Appetit dahin. »Mit leerem Magen denkt es sich schlecht«, fuhr Glasow fort. »Ich werfe das alles mal in den Topf. Kim, Sie machen den Tisch schön!«

Himmel verschwand wieder im Gang, Kim machte sich – weisungsbefugt! – auf die Suche nach Servietten und fragte sich dabei nicht zum ersten Mal, ob die Peters einmal abgesprochen hatten, sie zugleich mit dem Vornamen anzusprechen und zu Siezen. Björn war für sie »Kollege Hahne«, das klang einen Tick respektvoller.

»Was hat der Pfarrer denn gepredigt?«, fragte Björn Himmel, um die Aufwärmzeit der Würstchen nicht stillschweigend überbrücken zu müssen – und weil er diese Frage von älteren Semestern in seinem Heimatdorf gewohnt war. Himmel war nicht auf Small Talk aus: »Das müssen Sie meine Frau fragen, Kollege Hahne.«

Um 11.20 Uhr saßen sie zu viert vor einem Haufen Wiener Würstchen und einem Pott Senf. Björn war im Zentrum eines kleines Müdigkeitslochs angelangt und sah, den Kopf auf die Unterarme gestützt, durch Peter Himmel hindurch.

»Kollege Hahne, sprechen Sie bitte das Tischgebet?« hörte er Himmel sagen.

»Wie bitte?«

»Wachen Sie auf und greifen Sie zu, Kollege Hahne. Wenn wir uns schon sonntags hier versammeln, dann machen wir es uns gemütlich. Das war schon immer so.«

Björn langte wie paralysiert nach einem Würstchen, das, wie sich sogleich herausstellte, kälter als erwartet war.

»Und jetzt bringen Sie mich auf den Stand der Ermittlungen, Kollegen«, sagte Himmel kauenderweise. »Was haben wir überhaupt mit einem Mord in Trier zu tun? Da ist ja eher das Polizeirevier Paris zuständig wie wir.« Als wir, dachten Björn und Kim. Recht hat er, dachte Glasow.

»Es war wieder ein Poetry Slam«, sagte Kim. »Das könnte – das hängt mit hoher Wahrscheinlichkeit mit unserem Fall zusammen.«

Himmel haute auf den Tisch. »Das ist ja ein Ding! Was machen wir jetzt?«

Björn, wieder ganz wach, machte einen Vorschlag: »Wir sollten eine Telefonkonferenz mit den Trierer Kollegen abhalten und die Fakten abgleichen.«

»Bei Ihnen muss sich immer alles so wichtig und dramatisch anhören, Kollege Hahne«, sagte Himmel. »Aber an sich keine schlechte Idee. Rufen wir in Trier an.« Peter Himmel nickte beim Kauen, Kim suchte die Nummer heraus.

Nach anfänglichen Irritationen bezüglich der Technik, Himmel musste sich beibringen lassen, bequem sitzen zu bleiben und nicht mit nur fünf Zentimeter Abstand in das Gerät zu sprechen, kam man in der Konferenz schnell zum Wesentlichen. Der Trierer Hauptkommissar Schönfeld erläuterte den Stand ihrer Ermittlungen:

»Unser Opfer ist weiblich und 25 Jahre alt. Sie heißt Vanessa Schwift, gerade tätig als Praktikantin nach dem Abschluss des Studiums. Die genaue Todesursache ist ...«

Er legte eine längere Pause ein.

»... das hört sich recht makaber an ...«

»Nun?« drängte Himmel.

»Steinschlag.«

Stille.

Himmel: »Bitte WAS?«

Schönfeld: »Sie wurde, ich zitiere aus dem Erstbefund der Rechtsmedizin, aus kurzer Distanz mit mehreren großen Steinen beschossen. Tatwaffe war somit vermutlich eine Schleuder.«

Glasow: »Von so was stirbt man doch nicht gleich.«

Schönfeld: »Glauben Sie mir, doch. Wenn sich alle Steine gegen die gleiche Kopfregion richten, der erste Treffer zur Bewusstlosigkeit führt und dann immer weiter geschossen wird, bis der Kopf Matsche ist, dann geht das durchaus. Ich kann Ihnen ein Bild faxen.«

Himmel: »Wir verzichten.«

Der Tathergang führte zu beklommenem Durchatmen rund um den Tisch. Trotz Betroffenheit musste aber ein Fall aufgeklärt werden. Kim schaltete sich in das Gespräch ein.

»Herr Schönfeld, dass die Getötete vorher bei einem Poetry Slam war, wissen wir bereits. Haben Sie mehr Details für uns? Wer waren die Teilnehmer? Hat sie vielleicht selbst teilgenommen?«

Schönfeld: »Ihr Freund sagt, sie hat Schildchen mit Punkten hochgehalten.«

Kim: »Na klasse, wir haben einen Serientäter.«

Schönfeld: »Wir konnten eine Art Gästeliste auftreiben. Die faxe ich Ihnen. Und die Teilnehmerliste. Die haben alle so eigenartige Künstlernamen, scheinen sich wohl für sehr wichtig zu halten, oder es sind Ausländer.«

Der letzte Halbsatz blieb im Sinne der Kollegenfreundschaft allseits unkommentiert. Die Telefonkonferenz wurde bald darauf beendet. Himmel und Glasow gefiel es, dass Kollege Schönfeld noch immer so vom Faxen begeistert war und nicht im Entferntesten an modernere Kommunikationsmittel dachte. Schon begann das Faxgerät zu knattern.

Seit der Schilderung des Tathergangs hatte Björn sich nach innen verabschiedet.

14

Benjamin Braumann war schuld daran, dass Björn schon in jüngsten Jahren eine Abneigung gegen Vogelzwitschern entwickelte. Der Startschuss dieser außergewöhnlichen Antipathie fiel im Frühjahr 1990. Auf den Tag datieren konnte Björn das Ereignis nicht, jedoch fiel es eindeutig in die Phase, in der sein Vater einen Leserbrief nach dem anderen gegen die sich vollziehende Wiedervereinigung verfasst und erfolglos versucht hatte, diese zunächst in der *Süddeutschen* und der *FAZ*, dann in der Regionalzeitung und, schließlich erfolgreich, gegen Bezahlung seinerseits in einem Anzeigenblatt zu platzieren.

Beim Abendessen hatte Vater Hahne in dieser für die Familie schwierigen Phase stets die jeweils aktuellen Fassungen verlesen, welchen Björn sowie seine Brüder mit altersgemäßem Unverständnis und Björns Mutter mit beredtem Schweigen begegnet waren.

Da war es für den sechsjährigen Björn ein Geschenk auf Carrera-Bahn-Niveau, auswärts zu Abend zu essen und schlafen zu dürfen, in diesem Fall bei Familie Braumann.

Es gab Fischstäbchen mit Pommes mit Ketchup, und da das Abendessen bei Braumanns eine Stunde früher als bei Hahnes stattfand, durften die Jungs noch über eine Stunde spielen, bevor die Hörspielkassette eingeschaltet und das Stockbett eingenommen werden sollte. Benjamin hatte bereits Vorkehrungen getroffen, von denen er weder seine Eltern noch Björn informiert hatte, was schließlich zu dem Unglück führte, das Björn für die nächsten Wochen stark und für sein restliches Leben partiell verstören sollte.

Als die beiden alle Pommes, die letzten harten direkt vom Blech, in sich hinein geschaufelt hatten, gingen sie ins Spielzimmer, in dem auch Benjamins Wellensittich untergebracht war.

Herr Hans, so hieß der Vogel, begrüßte sie mit frenetischem Gezwitscher aus der Ecke heraus, in der er in einem Meter Höhe auf seiner Stange hockte. Er schlug sogar mit den Flügeln, hob aber nicht ab. Björn winkte ihm zurück. Er hatte Respekt vor ihm, was hauptsächlich mit seinem Namen zu tun hatte, der für ein Haustier so seltsam erwachsen wirkte. Herr Hans bewegte sich nicht von der Stelle, er schien gut abgerichtet, wenn man so etwas über einen Vogel sagen kann. »Aufs Klo geht er in seinem Käfig«, erklärte Benjamin. Sie ließen Herrn Hans zunächst Herr Hans sein und wandten sich dem reichhaltigen Playmobil-Inventar zu. Westernstadt oder Piratenschiff, die Entscheidung fiel schwer.

Schließlich griff eine Allianz aus Kavallerie und ordinären Cowboys auf dem Landweg das Schiff an, das kurzerhand für gestrandet erklärt worden war. Kanonen hatten beide Parteien; da das Fort gerade keinen Angriff fürchten musste, wurde alles Kriegsgerät mit auf die Reise genommen. Abschießen war seit jeher Benjamins bevorzugte Variante eines jeden Spiels gewesen, und so entwickelte sich ein Kanonenduell, bei dem abwechselnd Freischuss auf die eigenen Mannen eingeräumt wurde. Wer zuletzt steht, gewinnt und darf das nächste Spiel aussuchen. Benjamin gewann. Und Björn bekam es mit der Angst zu tun, als er das Folgespiel bekanntgab und zu diesem Zweck eine Schleuder und große Kieselsteine aus den Tiefen seiner Spieltruhe beförderte. Das kann wehtun, dachte Björn. Zum Glück richtete sich aber auch diese Variante des Abschießens nicht gegen ihn, sondern gegen Playmomännchen, Spielzeugautos und schließlich gegen die Dartscheibe, die mit Knete beklebt wurde, damit die Treffer auch sichtbar wurden. Benjamin hatte ein handwerkliches Geschick, das im positiven Sinn nicht altersgemäß war. Und er hatte ausdauernd geübt, was zu seinem erneuten Sieg führte.

»Jetzt schießen wir den Vogel ab«, sagte er.

»Welchen Vogel?«, fragte Björn noch in der Hoffnung, ein Plüschtier oder Teile einer Kuckucksuhr würden aus der mysteriösen Truhe zum Vorschein kommen.

»Na, den Herr Hans!«, antwortete Benjamin wie selbstverständlich. »Du musst anfangen!«

Björn wollte nicht. »Wenn ich ihn treffe, tut ihm das weh!«, versuchte er den Sittich zu verschonen, der bereits mitbekommen hatte, dass er im Zentrum der Aufmerksamkeit stand und wieder etwas engagierter in den Raum hinein zwitscherte.

Benjamin strengte sich an, Björns Zweifel zu zerstreuen: »Wenn du eine Fliege tot hauen willst, dann fliegt sie doch immer weg. Herr Hans macht das auch. Wir spielen das öfter. Komm, das wird lustig.« Um den hadernden Björn endlich zum Schuss zu bringen, schob er noch nach: »Oder bist du ein Mädchen?« Das saß.

Getrieben von der Motivation, ein Mann bleiben zu wollen, beziehungsweise mal ein ordentlicher zu werden, nahm Björn Benjamin die Schleuder aus der Hand und zielte auf Herrn Hans. Der schlug wie wild mit seinen Flügeln und schrie sein Kehlchen heiser. Hätte er die Schleuder nicht in der Hand, Björn hätte sich die Ohren zugehalten. »Warum fliegt er denn nicht weg?«, schrie er verunsichert über das wilde Gezwitscher. Er spürte einen leichten Angstharndrang.

»Wenn du schießt, fliegt er schon weg«, beruhigte Benjamin. »Mach schon!«, feuerte er an, »Looooos!«.

Björn machte. Er peilte den Vogel an, der seit Ewigkeiten auf ein und derselben Stelle auf der Stange saß und scheinbar in Todesangst mit seinen Flügeln um sich schlug. Er spannte den Gummi so stark, wie es seine Kinderkraft zuließ, noch ein bisschen mehr, kreiste sein Ziel ein, hatte Herrn Hans nun im Visier und ließ los. Das Zwitschern stoppte. Er hatte getroffen.

Björn ließ die Schleuder fallen und rannte fassungslos auf sein Opfer zu. Benjamin lachte ein dämonisches, glockenhelles Lachen aus der Mitte des Raumes. Herr Hans war nur noch Hänschenklein. Das Geschoss hatte ihm den Kopf abgetrennt, sein Körper krallte noch in voller Haltung auf der Stange fest, seine Federn lagen um den Tatort herum verstreut. Björn schrie außer sich und begann kreischend zu weinen wie ein Mädchen. Benjamin lachte noch lauter und ausgelassener. Frau Braumann sah im Kinderzimmer nach dem Rechten.

Dass ursächlich Benjamins Präparation des Vogels mit Sekundenkleber dessen Tod verursacht hatte, spielte in den Minuten, in denen Frau Braumann Björn schweigend nach Hause fuhr, keine Rolle. Björn hat Herrn Hans mit der Schleuder erschossen. Das war Fakt. Er bekam Fernsehverbot und Hausarrest, Benjamin nach ein paar Wochen eine Schildkröte. Die Freundschaft liegt noch immer auf Eis.

15

FRANZ, schrieb Kim in Schönschrift als letztes an die Tafel mit den Namen der Verdächtigen.

»Wie heißt der richtig?«, fragte Himmel, »Und *Frau Line* wird sicherlich auch nicht in ihrem Pass stehen.«

»Schon möglich«, erklärte Björn, »wenn man eine Publikation unter seinem Künstlernamen vorzuweisen hat, oder eben ein Kunstwerk, dann kann man den Namen auf dem Personalausweis eintragen lassen. Deswegen darf Zecke Neuendorf *Zecke* auf sein Trikot drucken lassen, weil er ein Bild gemalt hat, Thomas Hässler aber nicht *Icke*. Gut, der spielt ja auch nicht mehr.«

»Wer ist Zecke Neuendorf?«, fragte Kim.

»Ich habe mal einen Elfer gegen Andy Köpke verwandelt«, trug Peter Glasow bei und richtete sich in seinem Stuhl auf.

Himmel wirkte abrupt genervt: »Jetzt fang' nicht wieder mit dieser Geschichte an!«

Andy Köpke war im Rahmen eines Charity-Spiels vor Jahren in der Stadt gewesen, in der Halbzeit durften Zuschauer Elfmeter gegen ihn schießen. Für jeden Treffer spendete die Sparkasse 10 Euro an ein Drittweltprojekt. Von den 30 mutigen Schützen, darunter Peter Glasow, trafen überraschenderweise 21, ein Ball blieb auf halber Distanz vor dem Tor liegen (Glasows Frau war auch zugegen), die restlichen Schüsse landeten an Pfosten und Latte oder gingen meterweit am Tor vorbei, wie einst bei Uli Hoeneß, als er den Belgrader Nachthimmel abschoss.

Himmel lenkte die Aufmerksamkeit wieder auf ihre Arbeit. »Wir brauchen ihre Klarnamen, wird ja kein Ding der Unmöglichkeit sein, das herauszufinden. Kim, Sie kümmern sich drum.«

»Wir müssen nach München«, sagte Björn aufgeregt in den Raum hinein. Er hatte die Auftrittstermine der Slammer vor sich auf dem Bildschirm. »Vier von denen«, er deutete auf die Tafel, »treten heute Abend in München auf. Krauß, Franz, Bienenbang und Frau Line. Da kann wieder was passieren.«

»Bayern ist nicht unser Einsatzgebiet, Kollege Hahne«, versuchte Himmel, seine Euphorie zu bremsen.

»Dann richten wir eine Sonderkommission ein.«

»Na sicher. Wollen Sie noch einen Hubschrauber, um schnell nach München zu kommen?«

»Warum nicht? Wir können einen abrufen.«

Björn fühlte sich von Himmel in seinen Ermittlungsmöglichkeiten stark eingeschränkt. Es grenzte in seinen Augen an Sabotage. Himmel war wohl zu bequem für seinen Job geworden. Sagen konnte und wollte er ihm das natürlich nicht.

»Wenn ich mich darum kümmere, eine Sonderkommission einzurichten, haben Sie etwas dagegen, Kollege Himmel?«

»Versuchen Sie Ihr Glück«, war die Antwort.

Eine Stunde und zehn Telefonate später war die *SK Slam* aus der Taufe gehoben. Björn und Kim waren von oberster Stelle befugt, als verdeckte Ermittler in der Slamszene herumzuschnüffeln, parallel sollten die Verdächtigen baldmöglichst von den Kollegen vernommen werden.

Der ICE nach München fuhr um 15.14 Uhr ab.

16

Die Zugfahrt verlief fast ohne Zwischenfall. Eine zehnminütige Verspätung ist absolut im Rahmen. Björn ließ sich lediglich außerhalb des Reviers nicht gerne Vorschriften machen und bekam sich daher mit dem Bistropersonal in die Haare, als er seinen Kaffee zwar im Stehen bezahlt hatte, ihn aber im Sitzen trinken wollte. Zwei getrennte Vorgänge seien das, erklärte die recht attraktive Bistrodame in einem ausgeprägten Frankfurter Dialekt, Bordbistro ist nicht gleich Bordrestaurant. Im Restaurant, also im gleichen Wagen drei Meter weiter, sind die Getränke wegen des Bedienungszuschlags teurer, daher darf der einfache Sparfuchs, der selbst und aufrecht kauft, sich nicht setzen. Die Tische im Bordrestaurant waren alle leer. Dies war Björns Hauptkritikpunkt, der aber mit einem lockeren »Isch mach die Recheln net« abgeschmettert wurde.

Björn reagierte aggressiv auf unsinnige Vorschriften, gerade deshalb, weil er selbst ihnen von Dienst wegen öfter folgen musste. Er musste sie sogar durchsetzen und sie anderen aufzwängen. In der Ausbildung war er für ein paar Wochen als Streifenpolizist auf dem brandenburgischen Land eingesetzt gewesen. Die Hauptarbeit machte es aus, nach Mitternacht an einem breiten Fußgängerüberweg einer zu dieser Uhrzeit unbefahrenen Straße zu stehen und jedem, der bei Rot über die Ampel ging, ein Verwarngeld aufzudrücken. Natürlich waren unter den Bestraften auch Aufständische, die sich auf reine Logik und gesunden Menschenverstand beriefen, um die 10 Euro zu sparen. Natürlich musste Björn ihnen Recht geben. Im Stillen. Denn natürlich musste er ihnen auch den Strafzettel überreichen. Solche Aktionen im Kleinen sind es, dachte er immer, die das Vertrauen in die Staatsgewalt dauerhaft ruinieren. Vom vorschnellen Einsatz von Wasserwerfern, Tränengas und körperlicher Gewalt bei friedlichen Demonstrationen ganz zu schweigen. Irgendeiner ist immer der Depp. Am Schlimmsten ist es, wenn der Depp genau weiß, dass er es selbst ist.

»Wie geht es eigentlich Regine?«, fragte Kim, als sie aus der U-Bahn stiegen. Auf der Zugfahrt hatten sie nur Berufliches besprochen, Poetry Slam und Mord, und versucht, Schlaf nachzuholen.

»Hab sie heute nicht gesprochen. Als ich gepackt habe, war sie nicht da.«

Damit war der private Part beendet. Sie stiegen aus dem Untergrund, liefen ein paar Meter und sahen die Schlange. Der Substanz-Slam als einer der Mütter des deutschsprachigen Poetry Slams hat über die Jahre nichts von seiner Anziehungskraft eingebüßt. Kim schätzte die Anzahl der Anstehenden auf rund 300.

»Und jetzt?«, fragte sie, ergebnisoffen.

»Jetzt gehen wir daran vorbei.«

»Björn!«

Oho, das war der mahnende Vorname, dachte der Gemahnte.

»Björn, nach vorne drängeln und deine Marke vorzeigen wäre wirklich nicht die beste Idee.«

»Wir kriegen das schon hin.«

»Du bist heute Abend kein Polizist, das weißt du noch?«

»Ich bin heute Abend genau das, was man sein muss, um sich vordrängeln zu dürfen.«

»Ein Arschloch?«

»Fast. Ein Slammer. Und du bist mein anhängliches Groupie, das ich mit rein nehme. Komm!«

Er reichte ihr die Hand.

17

Der Substanz-Slam galt über Jahre als Europas größter regelmäßig ausgetragener Poetry Slam. Tritt man als Slammer erstmals im Substanz auf, als geladener Gast, ist dies der Ritterschlag in der Szene, der Türöffner zu allen Bühnen, auf denen deutsch gesprochen wird. Neben den eingeladenen hochkarätigen Poeten gibt es eine offene Liste, stets überfüllt, auf der sich Krethi und Plethi eintragen dürfen, dafür den Eintritt erlassen bekommen und im Glücksfall ihre Texte verlesen und performen dürfen. Das Substanz ist groß. Nur auf den Titel des größten Slams von allen muss man in München neuerdings verzichten. Kai Glatzlack und Tobi Tanzski, den Veranstaltern und Moderatoren, flatterte einst eine einstweilige Verfügung ins Haus, mit freundlichen Grüßen aus Hamburg. Der größenwahnsinnige und verkleidungsfreudige Hamburger Moderator Michel Abudhabi hatte sie erwirkt, da er der Meinung war, sein in einem unzerstörbaren überirdischen Bunker ausgetragener Slam sei regelmäßig mit mehr Zuschauern ausgestattet als München.

Dass der tägliche Schwanzvergleich unter Slammern auf die juristische Ebene gerät, ist eher der Ausnahmefall. Fast charmant wirkt dagegen eine weitere Stichelei Michel Abudhabis, angebracht im Backstageraum des *Uebel & Gefährlich* in Hamburg, über der Tür zum Bühneneingang: Auf die Wand ist eine Rasierklinge aufgemalt, darüber steht in kindshohen Buchstaben HELLO MUNICH!

Von diesem Zwist abgesehen, schneidet man sich aber weniger in der Slamszene, es geht eher harmonisch zu ... Frau Line setzte ihren schwarzen Tee ab. Andy Krauß hantierte mit einem Zahnstocher vor dem durch Aufkleber und Signaturen seinem Zweck größtenteils entfremdeten Spiegel im Backstageraum des Substanz. Er bohrte nach den Resten der Lammspieße, die er sich zuvor beim Kroaten um die Ecke gegönnt hatte, als erstes Essen nach dem Eierfrühstück in Trier. Dazwischen hatte es nur Kaffee, Wasser, Zigaretten und ab und an Gesang auf der Fahrt gegeben. Noch war der Platz erträglich, befand Moritz Bienenbang, zu dritt konnte man es gut in dem neben der Damentoilette, hinter dem Bierlager versteckten Backstagebereich aushalten. Wenn sich aber mehr als zehn Leute zugleich für backstagewürdig befinden, hat man es in einem Sarg bequemer.

Björn trat in den Raum und wurde nicht beachtet.

Die nackte Glühbirne, die unbeweglich und sehr tief von der Decke hing, hüllte die Kammer in ein behagliches Schummerlicht, dafür sparte sie keine Energie. Björn hielt das künstlerische Stillleben einer Fotografie für würdig, ohne eine Umsetzung des Gedankens in Erwägung zu ziehen. Teedampf und Zigarettenqualm zogen in gemächlichen Schlieren nach oben, jeder der Anwesenden war mit sich selbst beschäftigt. Björn entdeckte den Klamotten- und Gepäckhaufen hinter Frau Line. »Und wer bist du?«, fragte sie ihn schließlich mit freundlichem Ausdruck, als er seine Tasche abstellte. Mit der Antwort trat Björn in die Lügenwelt der verdeckten Ermittlung ein und fühlte sich höchst verwegen dabei.

»Ich bin Bjarne, hallo.«

Während der Zugfahrt hatte er sich für den Fall, dass er nun doch auftreten würde müssen, um früher hinein zu kommen, einen Künstlernamen ausgedacht. Bjarne, die Kombination von Björn und Hahne. Weil ihn der Vorname an irgendeinen Wintersportler erinnerte, kam er schließlich nach intensiver Überlegung auf: Bjarne Peace. Für einen ersten Ausflug in den kreativen Bereich war er mit diesem Ergebnis zufrieden.

»Line«, sagte Frau Line, »Moritz« und »Andy« steuerten die beiden anderen kurz bei und wandten sich wieder sich selbst zu. Björn erklärte, dass er zum ersten Mal dabei sei und hoffe, vielleicht doch nicht gezogen zu werden.

»Worüber schreibst du denn?« fragte Line. Björn war es ein bisschen peinlich, es ausgerechnet ihr als Allererster sagen zu müssen, aber später würden es ohnehin hunderte Fremde hören.

»Über Frauenfußball.«

Line lachte kurz auf.

»Okaaay«, sagte sie gedehnt, »bin mal gespannt drauf«.

Björn setzte sich auf den freien Stuhl, nachdem er Andy Krauß gefragt hatte, ob er vor dem Spiegel noch länger brauche. Seine Antwort war eine offerierende Handbewegung, während er ungerührt weiter seine Zähne säuberte.

Die reisenden Poeten treffen täglich neue, teils extrem aufgekratzte oder vor Bühnenangst zitternde Erststarter, slammende Lokalhelden mit übersteigertem Ego oder Tontechniker mit ur-bäuerlichem Humor, das gehört naturgemäß dazu. Björn erschien ihnen daher nicht so interessant, wie es andersherum der Fall war.

Er fühlte sich nicht sonderlich wohl, da er glaubte, keinen guten Start mit seinen Hauptverdächtigen erwischt zu haben. Womöglich hatte er sich seine Fake-Biografie unnötigerweise bis ins letzte Detail ausgedacht, weil ihn niemand danach fragen würde. Reisebürokaufmann, heißt das eigentlich so? Oder Reisevermittler? Reisebüro jedenfalls, ich arbeite im Reisebüro und habe grade Urlaub. War gar nicht so weit hergeholt, fand er. In seiner Phantasie schickte er Menschen auf Reisen, in kleine Räume mit beeinträchtigtem Ausblick und eingeschränktem Komfort, bei guter Führung Südlage.

Er musterte die teils jahrelang hängenden Plakate an der Wand und konnte sich der vorherrschenden Ruhe nicht recht anschließen, da es in ihm brodelte. Vielleicht war sein Mörder in diesem Raum. Wer ist es? Die Frau? Krauß? Bienenbang? Keiner? Zwei von ihnen? Er war drin, immerhin.
Der erste Schritt war getan, ein großer Schritt. Jetzt nur nicht zu sehr auffallen. Neugierige Fragen stellen war sicherlich nicht angebracht in der ersten Kennenlernphase. Er hoffte auf eine Langzeitgewöhnung und akut auf seinen zweiten Trumpf im Ärmel ...

Kims Intuition, Franz an der Bar anzusprechen, erwies sich als Volltreffer. Franz stellte sich als extrem auskunftsfreudig heraus und hatte über jeden Slammer einige Hintergrundinformationen preiszugeben.
Der Club füllte sich stetig um sie herum, der Geräuschteppich wurde dicker, noch aber mussten sie nicht schreien. Die Legende, die sich Björn und Kim zurechtgelegt hatten, besagte, dass Kim Björns, respektive Bjarnes, lesbische beste Freundin sei. So würde niemand Verdacht schöpfen, selbst wenn sie einmal intensiver miteinander tuscheln würden. So lange aber niemand fragen würde, würde Kim niemandem ihre neu entdeckte Sexualität aufdrängen. Die wenigsten Lesben gehen damit hausieren oder erwähnen

in jedem zweiten Satz, dass sie auf Frauen stehen. Hella von Sinnen ausgenommen, aber die trägt auch achtfarbige Overalls und Kuckucksuhren als Kopfbedeckung. Kim kombinierte ihre Rolle lieber mit einer gewissen Unantastbarkeit, einer emotionalen Kühle dem anderen Geschlecht gegenüber, so hatte sie es sich in der Kürze der Zeit zurecht gelegt. Für Franz war genau das eine Herausforderung, die zu meistern er sich vorgenommen hatte. Beide hatten sich ein Ziel gesteckt.

Ich bin heute nicht an Männern interessiert, dachte sich Kim also fortlaufend, als Franz zunehmend auf die flirtive Bahn geriet. Sie ließ sich zwar ein Getränk von ihm ausgeben, gab sich selbst aber weiterhin nur als interessierte und mitzitternde Anhängerin eines Rookies, die kaum je einen Slam angesehen hatte und alles über die Szene in Erfahrung bringen wollte. Franz' Komplimente ließ sie unkommentiert an sich abperlen, obwohl sie sie als originell im Vergleich zu den gewohnten empfand. Franz gefiel ihr durchaus gut, seine Stimme war angenehm röhrend, wenn er es darauf anlegte, Männlichkeit pur, und auch seine blonde und aufwändig gepflegte, halblange Haarpracht war ganz nach ihrem Geschmack. Aber sie hatte einen Job zu erledigen und zu diesem Zweck musste sie ihn ausnutzen, aber auf andere Art als er sich von ihr wünschte. Nach den anfänglichen Allgemeininformationen zum Poetry Slam, die Kim sämtlich bekannt waren, die aber dennoch von ihr mit affektiertem Staunen bedacht wurden, kamen sie auf die Teilnehmer des Abends zu sprechen. Auf der Seite der gesetzten Slammer waren dies bekanntermaßen Franz selbst, Andy Krauß, Frau Line, Moritz Bienenbang und schließlich Richart N. Streit, der mit einem großen Bier nur unweit von der Bar in der Ecke saß und mit einem Stift wild in seinem Text herumschmierte. »Und der so?«, fragte Kim nur und deutete mit dem Daumen hinter sich. Franz gefiel sich in der Rolle des Allwissenden, strich sich betont langsam die Haare aus der Stirn und legte los.

Richart N. Streit gilt als schwieriger Charakter, als überheblich und herablassend gegenüber allen, mit denen er nicht schon seit Jahren die Bühne teilt. Er macht ein großes Geheimnis um die Bedeutung seines Initials, in Interviews hat er schon zig unterschiedliche Antworten auf die immer wiederkehrende Frage, wofür das N stehe, gegeben. Zu Beginn seiner Slamtätigkeit, vor etwa sieben Jahren, hatte er bei jedem Auftritt einen anderen Zwischennamen dabei. Diese Gewohnheit wurde ihm aber bald zu anstrengend – und zu kindisch. Seine letzten Angaben waren Nepomuk, Norbert, Nikolaus, Nautilus, Nanni, Nina und Nordpol. Seitdem steht das N allein und Streit gibt sich seriöser, zumindest zwischen seinen Auftritten. Er schreibt nun einen Roman, einen Krimi über die Slamszene, und nimmt dafür gerne die Beobachterrolle ein. Dank seiner blendenden Erscheinung wurde er als Teenager als Model im Otto-Katalog und auf Werbeplakaten für Pre-Paid-Karten eingesetzt, nun moderiert er den Slam in Würzburg und trägt gerne Schal. Im Moment steckte er sich eine Mozartkugel in den Mund.

Für seinen Krimi könnte ich ihm sicher ein paar Insiderinfos geben, dachte Kim. Die Polizeiarbeit wird in Büchern meistens so dargestellt, wie es dem Autor grade passt. Wenn ihm etwas zu unspannend erscheint, kann es zu völlig realitätsfernen Geschehnissen kommen, etwa zur Einrichtung einer Sonderkommission innerhalb einer Stunde. Kim reckte ihren Hals und streichelte ihn geistesabwesend mit der Spitze ihres rechten Mittelfingers, was Franz umgehend mit einem Fauchen kommentierte. Zurück zum Gespräch. Was Kim von ihm in Erfahrung brachte, notierte sie in einem Gedächtnisprotokoll auf ihrem Netbook, spät in der Nacht, als die Slammer schon an einem anderen Ort als ursprünglich vorgesehen untergebracht waren …

Informationen von Franz:
– alle Slammer sind irgendwie beste Freunde

– Andy Krauß ist aus dem betreffenden Kreis der Erfolgreichste, auf Gagen und sonstige Auftritte (Kleinkunstpreise, Kabarett, etc.) bezogen
– wobei es keinem aufs Gewinnen ankommt (würde ich auch sagen, wenn ich nie gewinnen würde, naja)
– Krauß lebt in Münster
– Krauß ist Allrounder, macht Prosa und Lyrik, tiefsinnig und mit schwarzem Humor, hat ein Soloprogramm und dafür Kabarettpreise bekommen

– Franz schreibt jetzt auch ein Buch (redet viel von sich selbst)
– kommt aus dem Osten (Jena?), studiert in Stuttgart
– ist Storyteller, liest meistens lustige Texte über Frauen und Beziehungen. »Aber nicht auf Mario-Barth-Niveau«, betont er oft.

– Frau Line ist Lyrikerin, Stil auf der Bühne: Spoken Word. »Aber nicht so abgedreht und nur über Flauschwolken.« Gekonnte Texte, meint er wohl damit.
– heißt eigentlich Caroline und lebt in Köln
– hat einige gut dotierte Literaturförderpreise bekommen

- *Moritz Bienenbang ist Münchner und noch keine 20 Jahre*
- *»Auf der Bühne ein Vulkan«, Wut- und Schreitexte, meistens*
- *setzt durch seine Auftritte sein Abitur aufs Spiel*
- *das scheint schon bei anderen jungen Slammern schief gegangen zu sein*

- *Mo Schimmer ist in München eher unerwünscht, da er sich mit den Hamburgern gut gestellt hat*
- *malt auch Comics für Satirezeitschriften und sitzt im Stadtrat seiner Heimatgemeinde in Hessen*

- *Franz hat einen Nachnamen, den er mir erst verraten will, wenn wir uns besser kennen (denkste, Herr Mettmert)*

Moritz Bienenbang blickte einen Stock tiefer bleich von seinem Smartphone auf. Björn sah eine erschütternde Neuigkeit in seinem Gesicht geschrieben, und er ahnte, worum es ging. Andy Krauß und Frau Line waren abgelenkt, indem sie gemeinsam ein Schlumpf-Malbuch ausmalten. Ungekannte Zeitvertreibsstrategien in dieser Szene, hatte Björn zuvor gedacht.

»Zwei Frauen sind tot«, krächzte Bienenbang, erschlafft im Stuhl hängend. Krauß und Frau Line sahen synchron auf.

»Soweit keine atemberaubende Neuigkeit«, kommentierte Frau Line.

»Umgebracht!«, fuhr Bienenbang fort.

Das Anschlussschweigen hielt nicht lange.

»Er hat sie mit seiner Liebe getötet. So passiert es jeden Tag, auf der ganzen Welt«, fügte Krauß eine Stimmlage tiefer als für ihn üblich an. Björn erkannte das Zitat aus *The Green Mile*, schenkte ihm keine weitere Beachtung und wartete angespannt auf Bienenbangs weitere Ausführungen. Es war eine Pressesperre verhängt worden, die Morde dürften nicht mit den Slams in Verbindung gebracht werden.

»Die Morde werden mit den Slams in Verbindung gebracht. Mit den beiden, bei denen wir die letzten zwei Tage aufgetreten sind.«

Arschlochpresse, dachte Björn.

»Also, das steht hier in dem Blog zumindest.«

Arschlochblogger, dachte Björn.

Klar, wenn jeder dieser geltungssüchtigen Slammer einen Google Alert auf den eigenen Namen eingerichtet hat, bekommen sie recht schnell mit, wenn auf ihren bereisten Poetry Slams auch mal etwas anderes dargeboten wurde als selbstgeschriebene Texte, zum Beispiel so was wie eine Steinigung mit einer Schleuder.

Frau Line verlor auf einen Schlag ihre Coolness und fragte, sich nervös die Haare drehend, nach weiteren Details.

Der Blogger hatte tatsächlich herausbekommen, dass beide Opfer Zuschauerinnen bei den Slams waren. Nun ja, um Statusmeldungen auf Facebook zu lesen, braucht man weder eine journalistische noch eine kriminalistische Ausbildung. Es lag auf der Hand, dass der Rückschluss auf die Slams nicht lange zurückzuhalten sein wird, im Nachhinein betrachtet.

Andy Krauß ließ seinen Sarkasmus nicht fallen, stattdessen die Bemerkung: »Solange es nur Zuschauer trifft, können wir alle hier ganz beruhigt sein, nicht?«

In einem Kreis von Fremden würde eine solche Bemerkung nicht grade für Sympathiestürme für den Redner sorgen, die drei schienen sich jedoch gut genug zu kennen oder auf einer gemeinsamen makabren Humorebene zu liegen, sodass Frau Line und Bienenbang tatsächlich ein kurzes Lächeln über die Gesichter huschte. Bienenbang fiel schnell in seine Erschütterung zurück: »Das kann wieder passieren. Vielleicht hat es, nein, es *hat* mit uns zu tun! Wir können heute Abend nicht auftreten!«

18

Es war 20 Minuten nach 21 Uhr, die Show ging mit dem bejubelten Aufgang der Moderatoren endlich los. Über hundert Leute waren zuvor wieder nach Hause geschickt worden, das Substanz war übervoll, alle standen. Tobi Tanzski und Kai Glatzlack zelebrierten ihr Einschwörungsritual, sie »eichten das Publikum«, indem sie mal laut und mal noch lauter Beispiele für gelungene und weniger gelungene Texte gaben, die mit der dazu passenden Lautstärke beklatscht und befeiert werden sollten.

»Stellt euch vor, da kommt dann einer auf die Bühne, der hat einen Text dabei, der ...« setzte Tobi Tanzski zum letzten mal an, führte in gekonnt-routinierten Emotionsbeschreibungen sein Reden fort, Glatzlack lauerte dabei wie ein Panther in den Startlöchern zur Kaninchenjagd an seinem Mikrofon, bis sie schließlich gemeinsam zum Höhepunkt kamen, den »KOLLEKTIVEN ORGASMUS« ausriefen. Was sich anschloss, löste bei Björn einen spontanen Schwall Angstschweiß aus. Die gut 500 Zuschauer kannten kein Halten mehr, schrien, trampelten, klatschten, grölten, als ob es kein Morgen mehr gäbe. Plastikbecher mit und ohne Inhalt gingen zu Boden oder in die Luft. Der Holzboden vibrierte, mehr noch als vom Bass der Musik zuvor. Über etwa eine halbe Minute war jede Lebensrealität dahin. Und das war nur die Übung, dachte Björn, scheiße. Die Zuschauer beruhigten sich allmählich wieder, sie waren zu Ende geeicht und begierig auf den ersten Poeten, um ihm zu huldigen oder ihn zu zerfleischen.

Moritz Bienenbang war aus dem Substanz verschwunden. Zu diesem Zeitpunkt befand er sich in seinem Elternhaus in Schwabing, knabberte eine Salzstange und seine Fingerkuppen und ließ sich von seiner Mutter einen heißen Kakao zubereiten. Krauß und Frau Line waren zu dem Schluss gekommen, die Sache durchzuziehen. Sie hatten mit Tanzski und Glatzlack vereinbart, den anderen Teilnehmern zunächst nichts zu erzählen, sich sowieso keine irrationalen Ängste einzureden. The Slam must go on. Kim hatte sich von Franz lösen können und beobachtete, eher hilflos, aus dem Zuschauerpulk heraus. Die Größte war sie nun mal nicht. Björn hatte in diesem Moment nahezu seine eigentliche Aufgabe vergessen, fasste alle paar Sekunden unwillkürlich an seine hintere Hosentasche, um seinen Text zu ertasten, hoffte gleichzeitig darauf, nicht gezogen zu werden. Hätten wir uns doch in die Schlange gestellt, dachte er.

»Der Erste hat es immer am Schwersten, noch schwerer ist es, wenn er von der offenen Liste kommt und noch nie zuvor aufgetreten ist«, stimmte Tanzski auf der Bühne an. Ein Raunen zog sich durch die Reihen. Ich werde ja wohl nicht der einzige Rookie sein, dachte Björn. Zweistimmig riefen die Moderatoren zur Schlachtbank: »Macht einen Höllenlärm für Bjarne Peace!« Oh doch. Björn setzte sich in Bewegung.

Schultertippen, Beiseiteschieben und »Tschuldigung, sorry«, so ging es die nächste Minute über, während er versuchte auf die Bühne zu gelangen. Er hatte sich an der Theke platziert gehabt, im Nachhinein keine gute Idee. »NOCH SEHEN WIR IHN NICHT. GEBT WEITER ALLES!«, schrien Tanzski und Glatzlack in die Mikrofone, während Björn seine Gasse zur Bühne weiter aufbohrte. Ganz vorne noch einen Pulk Schickeria-Mädchen beiseite geschoben, die Björn etwas deplatziert vorkamen, drei Stufen nach oben und er stand auf der Bühne. Ein aufmunterndes Schulterklopfen von Tanzski – und dann war es ruhig.

Was mache ich hier eigentlich, fragte sich Björn und fummelte sein Textblatt aus der Hosentasche. Sag bloß nicht, dass du total aufgeregt bist und jetzt einfach mal anfängst, hatte ihm Frau Line vorher mit auf den Weg gegeben. Björn sagte es. »Ich fang dann einfach mal an.« Keine Jubelstürme. »Der Text heißt, äh, ich hab keine Überschrift.« Einzelne Lacher. Warum? Es ging los:

»Das Verhältnis Brustgröße zu Trikotweite könnte man optimieren. Das denke ich mir jedes Mal, wenn meine Freundin mich mit zum Frauenfußball nimmt.«

Erzwungene Pause. Szenenapplaus. Nicht nur die Männer lachten, eigenartig. Björn berichtete eins zu eins über seine Erlebnisse am Spielfeldrand. Er wagte den ersten Blick ins Publikum, nur die ersten sechs oder sieben Reihen waren sichtbar, die Scheinwerfer blendeten. Direkt vor der Bühne gab es größere Bewegungsfreiheit als weiter hinten, sogar einen freien Kreis. Was soll das? Eine Art Moshpit? Weiter.

»Würde einer damit beginnen, über das klägliche Passspiel oder die erschreckende Konzentration von Chancentoden zu lästern, würden die anderen wahrscheinlich umgehend einsteigen. Aber die Gefahr, ungewollt die Freundin eines Anwesenden zu beleidigen, schwingt immer mit. Also schweigen wir und nuckeln an unserem Bier.«

Björn wurde von einem hochangenehmen Kribbeln ergriffen, als kurz darauf der nächste Zwischenapplaus aufbrandete. Das Textblatt zitterte in seinen Händen, er verlas sich ab und an, schwitzte unter dem Bühnenlicht, sah nicht mehr ins Publikum, und hatte doch irgendwie das Gefühl, grade das Richtige zu tun. Er brachte seinen Text in einem unbewussten Stakkato zu Ende: »Sie wollen doch nur spielen.«

Vereinzelte Buhrufe von feministischer Seite gingen im Jubel unter. Er hatte es geschafft, und er war geschafft. Den Blitzgedanken ans Stagediving schob er beiseite, stieg von der Bühne und bemerkte, dass sich die Reihen nun sehr viel leichter als vorher für ihn auftaten. Sein Applaus hielt an, bis er seinen Stehplatz an der Theke wieder erreicht hatte. Er bekam ein Bier im Plastikbecher in die Hand gedrückt und war zufrieden. Richart N. Streit rempelte ihn rüde von hinten an, als er sich als Zweitgeloster zur Bühne bewegte. Später sollte er auf üble Weise gegen das Publikum wettern, noch glaubte er daran, dass er Björn schlagen könnte. Da ein Finaleinzug aber nicht in Björns Sinne gewesen wäre, er hatte ja nur einen Text dabei, war er durchaus froh, dass Frau Line diese Aufgabe übernahm.

Nach den ersten fünf Poeten war Pause. Björn wurde im Backstageraum von Kai Glatzlack angesprochen, ob er nicht auch mal in Regensburg auftreten wolle und sagte spontan für einen der kommenden Termine zu. Er wusste nicht einmal genau, wo Regensburg liegt. Über die Morde sprach niemand mehr. Ein Hüne von einem Zuschauer war während der ersten Vorrunde zusammengeklappt und musste durch die Massen nach draußen geschafft werden, das war der dominierende Small Talk. Andy Krauß kam in die Backstagekammer, klopfte Björn auf die Schulter und lobte ihn mit einem vernuschelten »Nice«. Björn war stolz auf sich. Er war gerade von seinem Hauptverdächtigen in zwei Mordfällen zu einem guten Poetry Slammer ernannt worden, wovon träumt ein Jungkommissar mehr?

Kim wartete derweil oben an der Bar auf ihn, um ihm ihre Beobachtungen mitzuteilen: nichts. Da es in München keine Jury gab sondern per Applaus entschieden wurde, wie sie erst vor Ort bemerkt hatten, hatte sie zwei mögliche Szenarien bedacht: Der Mörder greift sich wahllos irgendeinen Zuschauer aus der Menge oder er lässt es einfach, da er es aus unerfindlichen Gründen nur auf Jury-Mitglieder abgesehen hat. Was tun? Man könnte von der Bühne aus durchsagen, dass man doch heute besonders darauf achten solle, lebend nach Hause zu kommen. Aber eine Massenpanik zu riskieren war auch nicht die beste aller Ideen in einem überfüllten Club mit nur einem schmalen Ausgang. Es galt jedenfalls, jeden weiteren Mord zu verhindern, wofür sie glaubten, gesorgt zu haben. Kim erschrak, als Franz unaufgefordert damit anfing, ihren Nacken zu massieren. Sie gewöhnte sich aber schnell daran und ließ ihn gewähren, er wusste anscheinend, was er tat. Im Sinne der Aufklärung ließ sich Kim lieber von einem Verdächtigen begrapschen als von sonstwem, es würde schon seinen Zweck haben. Björn tauchte erst wieder an der Bar auf, als die zweite Runde begann, Kims strafendem Blick entgegnete er: »Sag bloß, dir hat mein Text nicht gefallen?!«

Franz eröffnete. Es folgte ein oberbayerischer Comedian, der allein deshalb, weil er jeden zweiten Satz mit »Des is do so oder net?« beschloss, keine Chance auf Sympathien hatte. Im Kontext eines Poetry Slams wirkt Stand Up Comedy noch beliebiger und niveauloser als sie größtenteils ohnehin ist, dachte Björn. Während des witzigen Vortrags ohne Lacher bemerkte er, dass Andy Krauß' animalische Seite zunahm, je näher sein Auftritt rückte. Krauß schlich, die Augen aufgerissen und starr, in einem Slalom durch die umherstehenden Zuschauer, ohne dass es so schien, als würde er etwas von den Geschehnissen um sich herum mitbekommen. Manchmal drehte er auf der Stelle um und setzte seinen Gang in die entgegengesetzte Richtung fort. Wie ein lauernder Tiger auf Beutezug. Björn drehte sich zu Kim um, die einige Meter von ihm entfernt stand, um sie auf Krauß' unnatürliches Verhalten aufmerksam zu machen. Vielleicht befand er sich tatsächlich auf Beutezug? Kim war damit beschäftigt, sich von Franz das Kinn kraulen zu lassen und zu kichern. Zum Glück haben wir uns die Lesbenlegende ausgedacht, dachte Björn und wandte sich wieder der Bühne zu.

Unvermittelt tauchte Andy Krauß direkt vor ihm auf und sah ihm eindringlich in die Augen, was Björn unwillkürlich einen Schritt zurückweichen ließ. Hinter diesem Blick steckt ein Irrer, dachte er spontan. Krauß drehte sich um 90 Grad und schlich weiter. Einige Minuten später, als er auf der Bühne stand, wirkte er zwar noch immer nicht ganz normal, aber auf eine sehr positive, wenn nicht geniale Art. Eine Minute seiner Vortragszeit beging er damit, Geräusche wie aus einem Didgeridoo von sich zu geben und anschließend zu übersetzen. Der Applaus ließ keinen Zweifel daran, wer mit Frau Line ins Finale einziehen würde.

Nachdem Andy Krauß später gewonnen hatte, mischten sich die Slammer unters ordinäre Volk. Sie sind es gewohnt, angesprochen zu werden. Oft werden sie gelobt, toller Text, super Text, ergreifend, zum Brüllen, et cetera, nach Büchern oder CDs gefragt, um ein Autogramm gebeten, in seltenen Fällen bekommen sie ein gezeichnetes Bild oder einen Text unter die Nase gehalten. An diesem Abend machten sie alle eine gemeinsame erste Erfahrung. Ein unbedrohlich wirkender Fan machte sich an sie heran, zückte seine Kripo-Marke und bat sie, mit aufs Revier zur Vernehmung zu kommen. Da keine akute Fluchtgefahr bestand und am Ausgang weitere verdeckte Ermittler postiert waren, konnte man sich darauf einigen, zunächst die Auszahlung der Fahrtkosten abzuwickeln und die Vernehmung später folgen zu lassen. Es ging alles sehr zivilisiert, fast harmonisch vor sich. Schließlich wussten die Slammer bereits, worum es ging. Und jeder Einzelne von ihnen war davon überzeugt, dass er nichts zu befürchten hatte.

Ganz anders war tags darauf die Gemütslage von …

19

Sabine Meyer schien eine Metamorphose durchlaufen zu haben. Von ihrer anfänglich naiven Fröhlichkeit beim ersten Besuch war nichts mehr übrig. Der Grund für ihre Stimmungen war jeweils derselbe, wie sich im Lauf der Vernehmung in München herausgestellt hatte.

»Ja. JA! Ich habe es getan!«, kreischte sie unvermittelt los, nachdem sie alle auf der Sofalandschaft Platz genommen hatten. Und schon flossen wieder die Tränen. Björn delegierte die weitere Befragung durch einen flehenden Blick an Kim und ihre empathische Art.

»Warum haben Sie uns das denn nicht beim ersten Mal gesagt?«

Warum haben Sie die Ermittlungen behindert, Sie Schlampe, hätte Björn gefragt, oder etwas ähnlich Mitfühlendes.

»Ich wusste doch nicht, dass das wichtig ist. Ich mache so etwas sonst nicht. Und dann war da der Schock wegen Domi und – ach, das ist doch alles große Schei-«

Uäääh. Heulalarm. Björn holte eine Runde gefiltertes Wasser. Sabine Meyer hatte sich tiefer in den Sumpf gestrampelt als nötig gewesen wäre. Hätte sie einfach beim ersten Mal erwähnt, dass sie One Night Stands nicht abgeneigt ist, hätten sie Andy Krauß direkt von der Liste der Verdächtigen streichen können. Sofern ihre mit seiner Aussage übereinstimmen würde natürlich. Es sollte aber durchaus noch einige verrotzte Taschentücher lang dauern, bis Sabine Meyer ihren Heimweg und die gemeinsame

Nacht beschreiben konnte. Grade schnäuzte sie sich heftig. Björn trank sein erstaunlich mildes und mundendes Wasser auf einen Zug leer.

»Wir.« Schnief. »Sind zu dritt.« Schnäuz. »Aus dem Club raus und.« Flenn. »Dann ...«

Sie sind zu dritt aus dem Club hinausgegangen. Dominika Dzierwa, Sabine Meyer und Andy Krauß. Beide Damen wohnen in Laufdistanz. Sabine hatte Krauß nach der Show angesprochen und ihm gesagt, dass sie auch schon Videos von ihm auf YouTube gesehen habe und eine große Bewunderin sein. Viel mehr wollte sie eigentlich nicht loswerden, aber sie hatte auch überhaupt nichts dagegen gehabt, dass Krauß ein fortführendes Gespräch mit ihr in Gang setzte. Natürlich sei sie kein Mädchen für eine Nacht, aber als sie nach 10 Minuten knutschend mit ihm auf dem Bühnenrand lag, änderte sie ihre Einstellung diesbezüglich kurzfristig. Dominika schien nicht allzu sauer darauf zu sein, dass sie kurz von ihr vergessen wurde, da sie sich die Zeit mit anderen Besuchern an der Bar vertrieb. Sie konnte schnell Freundschaften schließen. Wer diese anderen Menschen waren, konnte Sabine Meyer nicht sagen, da sie die meiste Zeit die Augen geschlossen hatte. Als sie dann zu dritt auf dem Nachhauseweg waren, hatte Krauß die ein oder andere anzügliche Bemerkung bezüglich eines flotten Dreiers fallen lassen, was Sabine als Scherz verstanden hatte. Mittlerweile würde sie sich wünschen, sie beide wären darauf eingegangen, dann würde Dominika noch leben.

Bis zu diesem Punkt der Aussage waren zwanzig Minuten verstrichen. Aus Sabines Worten war ersichtlich, dass sie die Geschehnisse mehr als einmal hatte Revue passieren lassen.

Bis auf die Anwesenheit von Krauß deckte sich die Aussage mit ihrer ersten. Dominika hatte noch eine Zigarette rauchen wollen, Sabine und Krauß wollten schnell nach Hause. Sie ließen sie »gegen Viertel Zwei« nachts zurück. Kim sah Björn ratsuchend an. Da Sabine Meyer diese Zeitangabe wählte, musste sie wohl aus dem Süden oder dem Osten stammen, war Björn klar. Hier sagt man das nicht.

»Viertel nach eins«, erklärte er Kim nachsichtig und forderte Sabine Meyer auf, weiterzureden.

In jeder anderen Situation hätte er in Richtung Kim hinzugefügt: »Stell dir die Uhr wie einen Kuchen vor. Du weißt auch, was Halb Zwei bedeutet, von diesem Wissensstand aus ist es keine riesige geistige Transferleistung, sich Viertel und Dreiviertel irgendwas zu erschließen, aber das habe ich dir schon hundert Mal erklärt, und du kapierst es einfach nicht, weil du es nicht kapieren WILLST.«

Es war eines seiner Lieblingsaufregerthemen.

Die Details der Nacht zwischen Krauß und Sabine Meyer müssen hier nicht ausgebreitet werden, böten aber guten Pornostoff. Allein das Rollenspiel mit der Küchenschürze und dem Pfannenwender wollte sich Björn unbedingt für eigene Zwecke einprägen. Ob Regine mitspielen würde, war eine andere Frage. Andererseits hatte er noch ein Schiedsrichtertrikot, damit ließe sich bei ihr sicher mehr erreichen. Warum wusste er nach so vielen Jahren mit ihr nicht, ob sie überhaupt auf Rollenspiele steht?

Als Sabine Meyer auserzählt hatte, stand einerseits fest, dass Andy Krauß über eine beneidenswerte Manneskraft verfügt und dass er andererseits ihr Bett nicht vor fünf Uhr verlassen haben konnte. Bis da hin war sich Sabine Meyer sicher, danach war sie eingeschlafen. Da Krauß aber noch in seiner Einschlafposition neben ihr lag, als sie gegen 10 Uhr wieder aufgewacht war, war es doch sehr wahrscheinlich, dass er ihre Wohnung nicht zwischendurch verlassen hatte. Gegangen war er um 12 Uhr nach einem gemeinsamen Frühstück und einer gemeinsamen Dusche mit gemeinsamem Orgasmus. Danach hatte Sabine Lust auf Kuchenbacken bekommen und war ziemlich gut aufgelegt gewesen. Bis Björn und Kim bei ihr geklingelt hatten. Dies war nicht weniger als eine lückenlose Rekonstruktion der Ereignisse und ein wasserdichtes Alibi für Andy Krauß. Björn zog sich die Aussage, die er auf dem Netbook mitgetippt hatte, auf einen USB-Stick, druckte sie an Sabine Meyers Rechner aus und legte sie ihr zur Unterzeichnung vor. Die Tränen waren im Lauf der Aussage einer chronischen Schamesröte gewichen, die nun ihre volle Strahlkraft zeigte, als sie ihre Angaben überflog.

»Das kommt aber nicht in die Zeitung, oder?«, versicherte sie sich zum dritten Mal, bevor sie endlich unterschrieb. Damit war Andy Krauß nicht mehr verdächtig und …

20

»... und wir haben keine Ahnung, wer es gewesen sein könnte, sind wir ehrlich«, sagte Peter Himmel ernüchtert und schlürfte seine Tasse mit dem Aufdruck einer Elchsilhouette leer. Björn ließ die dritte SMS von Regine unbeantwortet und rieb sich die Augen. Im Zug zu schlafen war nicht ganz seine Sache, und die Rückfahrt von München am frühen Morgen hatte ihn ziemlich geschlaucht. Zu viele Menschen um sich, denen man nicht entkommen kann, außer auf die fensterlose Toilette, das muss nicht jeder leiden können. Björn konnte es überhaupt nicht leiden.

Sie saßen wieder in der Viererrunde im Revier. Andernorts würde man das Besprechungszimmer im Geheimdienstjargon hochtrabend »Situation Room« nennen. Dass es die Peters unaufgeregt als »Kämmerlein« bezeichneten, hatte aber auch einen gewissen Charme – einen kleinstädtischen, um genau zu sein.

»Wie geht es jetzt weiter?«, fragte Glasow, sich hinter dem Ohr kratzend.
»Wir bleiben an Krauß dran«, sagte Kim. »Krauß' Texte sind die Tatvorlagen. Wo er ist, kann wieder etwas passieren.«
»Das klingt nach einem ausgereiften Plan«, kommentierte Himmel und lächelte schief. Ironie, sollte das bedeuten. »Aber uns bleibt ja nichts anderes übrig, so wie ich das sehe. Also reisen Sie beide dem mal weiter hinterher. Wo tritt er denn als nächstes auf?«

»Ich frage ihn mal eben«, sagte Björn und tippte auf sein Handy ein. Glasow und Himmel wechselten einen verständnislosen Blick.

»Sie haben seine Telefonnummer, Kollege Hahne?«, fragte Himmel.

»Ja. Wir sind ja jetzt quasi Kollegen.«

Die Peters schüttelten den Kopf.

Björn verteidigte sich: »Wir wollten doch in die Slam-Szene einsteigen. Das haben wir getan. Wenn wir auf den Poetry Slams herumhängen würden, ohne uns selbst zu beteiligen, wäre das auffällig. Also …«

»Also erzählen Sie Geschichten über Frauenfußball auf der Bühne. So sieht Polizeiarbeit heute aus«, vollendete Glasow.

Björns Telefon piepte. Nachricht von Andy Krauß.

Björn: »Sonntag in Würzburg, Montag in Bamberg.«

Glasow: »Die Reise geht ins Frankenland. Der Steuerzahler zahlt.«

Himmel: »In Bamberg habe ich mal ein Bier getrunken, das nach Schinken schmeckt.«

Eine Woche Pause, dachte Björn, verdammt. Naja, das reicht dicke, um neue Texte zu schreiben. Aber was sonst tun in der Zeit?

»Was tun wir in der Zeit?«, fragte Kim.

»Das Milieu wird uns schon Arbeit beschaffen«, sagte Himmel. »Das Milieu« war einer seiner bevorzugten Ausdrücke für Kriminelle in ihrer Gesamtheit, fast ranggleich mit der »Gegenseite«.

Im Revier sitzen und Solitaire spielen, so interpretierte Kim die Antwort auf ihre Art.

»Sie wissen ja, Kim, es kann jeden Tag geschehen, das Milieu schläft nicht.«

Der Chinese schläft auch nicht, dachte sich Kim dazu.

»Wie damals, beim großen Bankraub '87.«

Kim und Björn hatten sich 1987 vorrangig mit Bauklötzen und Doktorspielen beschäftigt. Der »große Bankraub« in einer peripher gelegenen Volksbank-Filiale mit einem Schalterbeamten endete damals damit, dass der Räuber stolperte und sich selbst in den Fuß schoss. Peter Himmel stürzte sich danach wagemutig auf ihn und fixierte ihn mithilfe seiner Körperfülle am Boden, bis die Handschellen angebracht waren.

Seine Schilderung wich nur in wenigen Punkten von den tatsächlichen Vorfällen ab.

»Und dann haben wir das raffinierte Dreckschwein abgeführt«, beendete er seine Erzählung. Glasow, der damals selbst vor Ort gewesen war, ersparte sich einen Kommentar, Himmel faltete die Hände triumphierend über seinem Bauch.

Warum müssen alte Leute immer vom Krieg erzählen, dachte Björn.

21

Kim fuhr in ihrem bunten Twingo davon und Björn atmete auf. Er war allein. Nach über einem Tag voller menschlichem Herumgewusel um ihn endlich wieder allein. Er mochte das. Er drückte auf seinen Schlüssel, seine Autotüren klackten zwei Mal und luden zum Einsteigen ein. Björn blieb stehen. Er sah durch das Rückbankfenster auf unsauber geöffnete Briefe, an Regine und ihn adressiert, die eine Gemeinsamkeit aufwiesen: Leiterstraße 22. Er ließ die Zeit bis zur automatischen Verriegelung des Wagens verstreichen, es klackte ein Mal, er drehte sich um und ging vom Parkplatz des Reviers.

Als er eine halbe Stunde später zurückkehrte, hatte er nasse Schuhe, da sein Leuchtturmblick ihn die Pfütze nicht hatte sehen lassen, einen Pappkaffee in der Hand, eine Schachtel Zigaretten in der Tasche und einen Anflug von Schuldbewusstsein, weil er eine Schachtel Zigaretten in der Tasche hatte. Björn war bis dato Nichtraucher. Ihm war seit den Münchner Erlebnissen einfach danach gewesen, seiner Unabhängigkeit irgendwie Ausdruck zu verleihen. Warum nicht anfangen zu rauchen? Kann nicht schaden. Doch klar, kann es, aber er sah das eher auf der mentalen Ebene.

Da er nicht daran gedacht hatte, sich auch noch ein Feuerzeug dazu zu beschaffen, drückte er im Wagen zum ersten Mal überhaupt auf den Zigarettenanzünder. Er wartete eine Minute, stellte fest, dass sich nichts getan hatte, startete den Motor und versuchte sein Glück erneut. Er steckte sein Mobiltelefon in die Freisprecheinrichtung, nahm es sofort wieder heraus, tippte eine SMS an Andy Krauß und steckte es in dem Moment wieder zurück, als der Anzünder heraussprang. Er fuhr das Fahrerfenster herunter, sog mit der Zigarette umständlich an dem glühenden Endstück des Anzünders, bedachte seine Außenwirkung, falls ihn jemand beobachten würde, entschied sich für »würdelos«, hustete daraufhin heftig, sah um sich, stellte fest, dass der Parkplatz noch immer unbevölkert war, steckte sich die Zigarette in den Mundwinkel und fuhr los. Sein linkes Auge tränte vom heraufwabernden Rauch. Freiheit! Das Telefon klingelte. Andy Krauß ruft an, teilte das Display mit. Björn nahm an.

»Hallo, H...« Nein, *Hallo, Hahne hier* passt grade ausnahmsweise mal nicht. Björn beglückwünschte sich innerlich zu seiner Turbo-Gedankenleistung.
»Hier Bjarne.«
»Yo. Ich.«
…
»Hallo Andy, ich hatte dir ja geschrieben …«
»Das ist genau der Grund, warum ich anrufe. Ein Riesenzufall, nicht? Also, du willst da mit auf Tour kommen?«
»Wenn das denn noch geht, klar, wär toll.«
»Da musst du die Slammaster erst mal fragen, wegen Fahrtkosten und schlafen.«
»Okay. Wen frage ich da genau?«
Das Abaschen aus dem Fenster glückte nur halb, Björn versuchte, sein linkes Hosenbein von der kalten Asche zu befreien.
»In Würzburg macht das der Streit, kennste, aus München, der komische Kauz mit dem Schal. In Bamberg ist der Chef so ein Kuschelhippie, Nils Rutsche, ganz netter Typ, nur im

Sommer läuft er zu oft barfuß rum. Naja, soll er machen. Wem's gefällt. Gibt Schlimmeres. Andere Typen holen dafür backstage ständig ihren Schwanz raus und zeigen ihn rum. Bist du dir sicher, dass du dich auf solche Leute einlassen willst? Ich schick dir jedenfalls mal die Nummern.«

Gibt Schlimmeres, hat er gesagt, zum Beispiel, dass Mord und Totschlag in der Slam-Szene herrschen. Das schien er noch nicht so ganz verinnerlicht zu haben.

»Ja, das wär' klasse. Und ...«

Professionelle Distanz wahren? Quatsch. Teilnehmende Beobachtung ist die Methode, die zum Sieg führt.

»... wie geht's dir sonst? Gut angekommen?«

»Junge, ich hab übelste Kopfschmerzen.«

»Du Armer.« Huch, etwas sehr vertraut, und leicht gay. Naja, weiter: »Wie kommt's?«

»Hab mir nen Fernseher gekauft.«

»Aha.«

»Ich hatte keinen Fernseher die letzten Jahre. Jetzt hab ich mir ein Luxusteil zugelegt, das auch Internet hat und so. Hab's aber etwas übertrieben wohl.«

»Soll heißen?«

»Bildschirmdiagonale ein Meter fünfzig. Da sitzt du davor und schaust ständig nach links und rechts und hoch und runter, weil du gar nicht das ganze Bild auf einmal sehen kannst. Hab ich die letzte Stunde über gemacht, und dann ist mir schlecht geworden davon. Obwohl das ein super Programm war. Unterwasserdoku auf Arte, Delfine und Haie gegen Sardinenschwärme, mit klassischer Musik aus dem Off. Fantastisch. Vielleicht mach ich hier nen Durchbruch in der Wand, damit ich ihn ins Nebenzimmer stellen kann und das Bild kleiner wird. Zum Fußballschauen ist er aber top. Kannst mal vorbeikommen zur nächsten Frauen-WM.«

Björn registrierte die Anspielung auf seinen Text erfreut, genauso wie Krauß' im Vergleich zum Münchner Auftritt stark gestiegenes Mitteilungsbedürfnis.

»Übrigens: Bringst du auch wieder das Mädel mit?«

Das Mädel?

»Das Mädel?«

»Die mit dir in München war.«

Ach ja, das Mädel, Kim, der Legende nach lesbische beste Freundin, oder wie war das? Hatte sie auch einen Fake-Namen? Lieber neutral bleiben.

»Ja, das Mädel kommt mit.«

»Fein. Franz wird sich freuen. Ich mich auch, wenn sie mal hallo sagt.«

Aha.

»Gut gut. Ich schmeiß mir mal ne Aspirin rein. *Panda, Gorilla und Co* fängt auch gleich an. Wir sehen uns. Tschöhö!«

»Tschüss, bis dann!«

Björn schmiss den Zigarettenstummel aus dem Fenster und parkte in der Leiterstraße vor Hausnummer 22 ein ...

Regine duschte hörbar. Sie sang die Lieder im Radio mit. Die Refrains zumindest, und einzelne Worte, die sie sich zusammenreimte. Ihr Englisch ist nicht das beneidenswerteste. Björn stellte seine Reisetasche im Flur ab und ging an den Laptop, um nach neuen Mails zu sehen oder ein »Glückwunsch« auf der Pinnwand einer seiner 102 Facebook-Freunde zu hinterlassen.

Whitney Houston würde sich im Grabe umdrehen, hätte sie sich dort schon rein gesoffen, dachte er. Regines Interpretation von »I Will Always Love You« klang eher nach einer Drohung. *Änd Ei-hi-ei will owäis lahaf juu-hi-huuu-ijuuuu.*

Ob Ohropax wohl auch Spam-Mails versendet? Heute zumindest nicht. Das Angebot des südafrikanischen Geschäftsmanns, der händeringend nach irgendeinem Deutschen sucht, um ihm eine Millionen Euro zu überweisen, klang bei ersten Mal vor zehn Jahren auch reizvoller. Wenn man nach einer Minute schon im Spam-Ordner nachsieht, ob dort vielleicht was Wichtiges gelandet ist, gibt es nun wirklich nichts Beantwortenswertes.

Björn googelte etwas herum und landete auf Myslam.net, einer Seite mit hunderten von Poetry Slam-Terminen und Profilen aller Slammer Deutschlands und mancher anderer Länder. Die machen einem die Recherche nicht allzu schwer, sehr sympathisch, dachte er. Im Badezimmer schaltete Regine den Föhn als Begleitinstrument zu einem der nichtssagenden Schmalzlieder von *Unheilig* zu. Immerhin deutsch.

»Aha«, begrüßte Regine Björn unfreudig, als sie endlich aus dem Bad kam, »du lässt dich auch mal wieder sehen.«

Sie trug ein lavendelfarbenes Handtuch als Turban und ein rosé Handtuch als trägerloses Kleid. »Wo warst du denn die ganze Zeit?«

Björn wusste, dass sie wusste, dass er in München war, es war kein Geheimnis gewesen und er hatte es ihr mehrmals geschrieben. Die Antwort war also obsolet.

»Hättest ruhig mal antworten können heute, ich habe mir Sorgen gemacht.«

»Ich habe auch schon daran gedacht, die Branche zu wechseln und Schaumstoffmattentester zu werden, damit du dir keine Sorgen mehr machen musst.«

Regine kommentierte, indem sie genervt Luft ausstieß, *pffft*. Nach einigen Schweigesekunden, in denen sie nutzlos im Raum herumstand, versuchte sie eine Fortsetzung:

»Ich hatte erwartet, dass du mir wenigstens Blumen mitbringst, oder ...«

Oder Pralinen?!

»... oder Pralinen.«

Diese Frau liest eindeutig zu viele Frauenzeitschriften, die für die reifere Generation gedacht sind ...

Lassen Sie sich wertschätzen! – Bringen Sie Schwung zurück in die Ehe und überraschen Sie sich ab und zu mit kleinen Geschenken, zum Beispiel einem frechen Strauß Blumen. – Die Society-Expertin mit der Botox-Fresse gibt Wohlfühl-Tipps.

»Also ehrlich, ich war gestern und heute weg. Das solltest du ertragen können. Ich bin grade an einem ziemlich großen Fall dran. Ich ...«

»ICH, ICH, ICH!«, schrie Regine, stampfte auf, rannte ins Schlafzimmer und schlug die Tür hinter sich zu. Björn ging auf den Balkon rauchen, um sie nicht durch die Tür weinen hören zu müssen.

Die ersten paar Züge brachte er ohne besondere Reaktion hinter sich, dann überkam ihn ein Schwindelgefühl, und er ließ sich auf einen der Plastikstühle mit grün-weiß gestreiftem Sitzpolster sacken. Regine. Ich. Sie. Wir. Was soll das werden? Er stellte sich vor, wie sie in drei Jahrzehnten einen Urlaub an der Ostsee verbringen ...

»Haben wir Lust auf einen Kaffee?«, fragt Regine, die sich bei ihm eingehakt hat und eine mattschwarze Sonnenbrille trägt, die das halbe Gesicht verdeckt.

»Ich denke, wir könnten uns einen genehmigen, meine Maus«, antwortet er.

»Entscheide du, mein Mäuserich. Triff unsere Entscheidung!«

Sie nehmen vor einem Straßencafé Platz.

»Möchtest du mit auf die Toilette kommen? Oder kannst du eine Minute ohne mich aushalten?«, fragt Regine ernsthaft besorgt.

»Es wird uns nicht schaden. Ich freue mich schon jetzt auf unser Wiedersehen.«

Regine gibt ihm einen Abschiedskuss und verschwindet im Lokal. Eine Minute später kehrt sie zurück und umarmt ihn innigst.

»Wir müssen leider wieder gehen«, sagt sie, »hier gibt es keine besondere Kuchenauswahl.«

»Sodenn, wir sind uns einig«, sagt Björn, steht auf und nimmt ihre Hand.

Während sie davonlaufen, verschmelzen sie zu einem Wesen mit zwei Köpfen. Bjögine. Oder Regörn. Das Wesen durchschreitet einen mit wilden Rosen bepflanzten Torbogen, über dem in Leuchtschrift geschrieben steht: DAS WIR GEWINNT.

Björn schreckte aus seiner eindrücklichen Phantasie hervor. Die Zigarette war fast bis zur Schrift abgebrannt, er sog den letzten Zug in sich hinein.

»DU RAUCHST?«, brüllte Regine hinter ihm los. Björn zuckte zusammen.

»Wir wollten doch nicht rauchen!«

Eine Stunde später checkte Björn im *Hotel Ludmilla* am Bahnhof ein. Raucherzimmer.

22

»Du wohnst schon die ganze Woche in diesem Drecksloch?« Kim sah entgeistert um sich. »Was glaubst du, wann diese Tapete zuletzt weiß war? 1970?«

»Möglich«, sagte Björn gleichgültig und packte die letzten Klamotten in seine Reisetasche. »Der Zug fährt in 20 Minuten. Ist doch praktisch, wenn man seine Residenz in Bahnhofsnähe hat.«

Kim lachte los. »Residenz ... Junge, ich kenne Obdachlose, die es schöner haben.«

Das wollte Björn nicht einmal bestreiten, Kim war tatsächlich mit Menschen jeder Gesellschaftsschicht auf du und du.

»Wir sind ziemlich zeitig dran. Was gibt es in Würzburg eigentlich für Sehenswürdigkeiten?« fragte er.

»Die Residenz zum Beispiel.«

Björn hatte die Woche damit verbracht, auf dem Revier herumzusitzen, sich eine Onlineidentität als Bjarne Peace aufzubauen und Regines Kontaktaufnahmeversuche weitestgehend zu ignorieren. Einmal hatte er geantwortet, an ihre Vernunft appelliert und sie darum gebeten, ihm eine Weile Bedenkzeit einzuräumen, die auch sie nutzen solle, um sich darüber klar zu werden, ob ihr Lebensweg unbedingt mit seinem verknüpft bleiben müsse. Er hatte versucht, es gefühlvoller zu formulieren, wofür er wiederum viel Bedenkzeit gebraucht hatte. Das Ergebnis war eine SMS in der Länge zweier SMS. Das nächste »Ich liebe dich und brauche dich« von Regine ließ einen ganzen Tag auf sich warten. Und ich brauche den Mörder, dachte er sich nur, womit die Prioritäten definitiv gesetzt waren.

»Und ich brauche etwas Zeit für mich«, hatte er zurückgeschrieben.

23

Das Hostel, in dem Kim und Björn in Würzburg untergebracht waren, schlug das *Hotel Ludmilla* um Längen, war von der Bahnhofshalle aber ebenfalls in zwei Minuten Fußweg zu erreichen. Es war 17 Uhr, als sie die Betten bezogen hatten und es sich auf den Bierbänken auf der Terrasse bequem machten. Sämtliche Interna waren abgesprochen, zehn Zivilbeamte würden abends in der Posthalle vor Ort sein und einen genauen Blick auf das Publikum, die Jury und alles irgendwie Verdächtige werfen. Jetzt in der Öffentlichkeit war Kim wieder das abgebrühte Slam-Groupie und Björn der aufgeregte Neu-Slammer, bei dem Bühnenfurcht und die Gier nach Applaus noch gleichermaßen verteilt sind. Er musste das nicht spielen, er fühlte sich tatsächlich so. Das Gesprächsthema lag nahe: Poetry Slam. Die beiden erklärten einem angehenden Studenten aus Thüringen, der sich zwecks WG-Suche ins Hostel eingemietet hatte, was heute Abend passieren würde und nahmen ihm das Versprechen ab, als Zuschauer zu erscheinen.

Im schlimmsten Fall haben wir ihn grade ins Grab gebracht, dachte Kim, aber er wirkte doch eher so, als hätte er aus Höflichkeit sein Kommen zugesagt und hätte nicht wirklich kapiert, worum es wirklich bei einem Slam ging. Thüringer eben, und grade mal 18, ein Kind, was will man erwarten?

Als das Kind durch die Glastür mit der aufgeklebten und mangels Türschloss niemals umzusetzenden Warnung, die Terrasse würde um 22 Uhr schließen (»Terrace will be closed after 10 pm«) wieder im Rezeptionsraum des Hostels verschwand, stieß es fast mit einem sehr großen Typ mit sehr breitem Kreuz zusammen, der in die andere Richtung unterwegs war und sich schließlich als Hanna Tanner herausstellte.

»Hallo, ich bin Hanna«, säuselte sie glockenhell, und Björn hielt intuitiv nach einem Adamsapfel Ausschau. Nicht vorhanden, komisch. Ein Hüne von einer Frau, dachte Kim. Hanna Tanner setzte sich zu ihnen an die mittlere Bierbank. »Ihr seid auch dabei heute Abend? Hab an der Rezeption nachgefragt, ob schon jemand da ist. Das wird ein schöner Slam. Sind wir auf einem Zimmer?«

Björn stellte klar, dass Kim lediglich seine Begleitung ist und sie sich ein Doppelzimmer teilen.

»Hast du schon einen Startplatz?«, wissbegierte Hanna.

»Einen Startplatz?«, fragte Björn skeptisch.

»Na für die großen deutschsprachigen Meisterschaften!«

Niemand außer Hanna Tanner nennt die Slammeisterschaften, zu denen Jahr für Jahr die besten Slammer Deutschlands, Österreichs und der Schweiz antreten, »die großen deutschsprachigen Meisterschaften«. Aber Hanna hatte stets den Drang, keine Unklarheiten in ihrem Ausdruck oder in ihren Messages in den Texten aufkommen zu lassen.

»Nee, nee, das ist erst mein zweiter Auftritt heute.«

»So«, sagte Hanna spitz und schien sich nach einer Fluchtmöglichkeit umzusehen.

»In vier Wochen ist's ja soweit. Hamburg, meine Perle.« Hanna sah verträumt auf einen der auf dem Terrassengeländer platzierten falschen Raben, die die lebenden Vögel vor der Landung abschrecken sollten. »Meine Perle«, wiederholte sie.

Björn wusste, dass er Kim nicht erst ansehen musste, um seine Meinung über Hanna Tanner bestätigt zu bekommen. Sie lebt wohl sehr in ihrer eigenen Welt.

»Ich habe auch keinen Startplatz«, sagte sie, »aber ich fahre hin, wegen der Menschen, so herzliche Menschen sind das in der Slamszene. Und diese Inspiration! Ein bunter Blumenstrauß von Ideen schwirrt da jedes Mal durch die Luft. Hach. Wir können so glücklich sein, dass wir dazugehören.«

Eigene Welt, eigene Welt, eigene Welt. Über die sollte man mal einen Text schreiben. Macht man das? Darf man das? Andere Slammer dissen? Sie kann ich wohl nicht fragen, aber gelegentlich mal …

Andy Krauß beobachtete die Szene aus seinem Zimmer heraus. Er war nach einer zu kurzen Nacht früh angekommen und hatte sich noch drei Stunden schlafen gelegt. Während er Hanna Tanner irritiert bestaunte, die sich mittlerweile wieder erhoben hatte und mit ausgebreiteten Armen ein schlingerndes Flugzeug oder Ähnliches imitierte, vielleicht war es auch eine Yoga-Übung, schlich ihm sein Telefonat mit Richart N. Streit ins Gedächtnis, das sie während der Zugfahrt geführt hatten. Streit war von der Polizei über die akute Gefahrenlage aufgeklärt und davon unterrichtet worden, dass sich später einige Zivilpolizisten zur Sicherheit aller im Publikum befänden. »Solange die Eintritt zahlen, kein Problem«, hatte er kommentiert und direkt danach Andy Krauß informiert, dass er alle Arten halblegaler oder illegaler Drogen zuhause lassen solle. Das aber nur am Rande, denn sein eigentliches Problem war die Verantwortung, die nun auf ihm lastete. Konnte er sehenden Auges das Leben eines seiner Jurymitglieder aufs Spiel setzen? Die Zivilbeamten sorgten für eine gewisse Absicherung, aber eine Garantie gab es nicht. Dass sie überhaupt auftauchen würden, legte den Schluss nahe, dass sie den Mörder vor Ort vermuteten. Was also tun? Krauß, der bereits in München auf den Zusammenhang zwischen seinen Texten und den Tötungsarten aufmerksam gemacht worden war, hatte ihm einen Vorschlag unterbreitet, über den Streit zunächst noch nachdenken und sich dann wieder melden wollte. Krauß sah auf sein Taschentelefon. Eine neue Nachricht von Richart N. Streit: »Ja, wir machen das so. Sei um 19 Uhr in der Posthalle!«

24

Die Posthalle war früher – der Name legt es nahe – eine Lagerhalle der Deutschen Bundespost. Heute spielen darin Musikheroen wie Nofx und Bad Religion, deutsche Qualitätsbands wie Subway to Sally und K.I.Z., viele, viele Bands mehr, und jeden ersten Sonntag von September bis Juni gibt es einen Poetry Slam. Selbst Starkoch Alfons Schubeck wollte schon in der Posthalle kochen, doch das mäßige Interesse an den Eintrittskarten für je über einhundert Euro sorgte zum Leidwesen der fünf Interessierten für eine Absage der Veranstaltung.

Die Posthalle fasst zweitausend Zuschauer, für den Poetry Slam genügt allerdings ein Drittel der Halle und die kleinere Second Stage, die mit ihren Dimensionen noch immer eine der größten Slambühnen Deutschlands ist. Zumindest Moderator Streit verkündet dies regelmäßig und großspurig. Man muss ihm zugestehen, dass er tatsächlich auf nahezu allen Slambühnen Deutschlands gestanden hat – doch Größe allein kann kein Kriterium sein, und einen Meterstab hat man bei ihm auch noch nicht gesehen.

Streit streckte gerade gewohnheitsmäßig den Kopf aus dem Backstagefenster im zweiten Stock, um einen Überblick über die anstehenden Zuschauer zu bekommen, als Björn und Kim mit Hanna Tanner im Schlepptau um die Halle Richtung Eingang einbogen. Kim entfuhr ein »Huch«.

Die Zuschauer stauten sich von der Kasse im zweiten Stock durch das Treppenhaus hinunter bis ans Ende der großen Rampe, die zwischen Halle und Bahngleisen nach oben zum Lieferanteneingang führt.

»Ein schöner Anblick«, sagte Streit an seinem gehobenen Ausguck zum neben ihm stehenden Andy Krauß. »Fangen wir heute mal ne halbe Stunde später an.« Sein Telefon spielte die Schwarzwaldklinik-Musik, Bjarne Peace ruft an. Schon bevor er abnahm, setzte er sich in Bewegung Richtung Lieferanteneingang, auch als Slammerschleuse bekannt.

Streit begrüßte die Neuankömmlinge distanziert, führte sie durch das Dunkel der Halle Richtung bestrahlter Auftrittsbühne, vorbei am großzügigen Mischpult, hinter dem Techniker und DJ in ihre Smartphones versunken waren, durch die etwa 200 bereits anwesenden Zuschauer hindurch, an der Bühne vorbei Richtung Bar. Björn schätzte die Bühnenhöhe auf 1,50 Meter und spürte ein Grummeln im Bauch. Vor der Bar bogen sie links ab, Streit schob ein schweres Eisentor beiseite. »Das ist der Backstageraum« sagte er und machte eine einladende Geste. Der »Backstageraum« war eine weitere Halle in der Größe eines Handballfelds, so zumindest hatte ein Lokaljournalist der MainPost es einmal beschrieben. Journalisten lieben Vergleiche mit Sportfeldern. Vier Sofas waren in einer Ecke um einen sehr kleinen Tisch drapiert, eine Stehlampe sorgte für schummrige Beleuchtung. Auf den Sofas fläzten die bereits anwesenden Slammer: Andy Krauß, Frau Line, Franz, Moritz Bienenbang, Mo Schimmer, Dorian Kieslig und Marvin Flyer. Die Begrüßung fiel für Björn herzlich aus, er wurde den ihm Unbekannten vorgestellt, und Franz brauchte nicht lange, um Kims Hüften umschlungen zu haben und mit ihr Richtung Bar zu verschwinden.

Moritz Bienenbang bot der Runde eine Wette an: »Nen Zwanni, dass Franz heute nagert.« Es fand sich niemand mit konträrer Meinung. Björn verstand ohnehin nicht, worum es ging. Erst später am Abend wurde er aufgeklärt, dass »nagern« soviel bedeutet wie »intensiv, dauerhaft und letztendlich erfolglos an einer Frau herumbaggern«, das Verb geht zurück auf Samuel Nager, ein Slammer mit diesbezüglich herausragenden Fähigkeiten.
  Richart N. Streit erhob das Wort: »Also, Kinder, Ruhe! Jetzt sind fast alle da und alle sind mit Malzbier oder Alkoholika versorgt. Wir machen das heute ein bisschen anders als sonst ... damit niemand zu Schaden kommt – vielleicht.«

Kim schämte sich für ihre Kollegen. Während Franz sie beblubberte, beobachtete sie von ihrem Stehtisch vor der Bar aus das Publikum. So auffällig unauffällig kann man sich doch nicht verkleiden! Die Devise hatte wohl gelautet »Wir gehen zu so was wie einem Hip Hop Jam, zieht bitte eure breitesten Hosen an und setzt euch auf jeden Fall eine Basecap falsch herum auf den Kopf. Seid lässig!« Sie war sich sicher, fünf der Zivilbeamten erkannt zu haben, ließ sich ihren Missmut aber nicht anmerken, außer ihr schien auch niemand darauf zu achten. Die Halle wurde dunkel. Die Gespräche verstummten, selbst Franz hielt den Mund.
  Streits Einlaufmusik setzte ein, »Das Model«, in der Version von Rammstein. Die Nebelmaschine auf der Bühne begann zu nebeln, der Moderator betrat seine Arbeitsstätte. Mit dem letzten Ton erhellte sich ein einzelner Spot auf das Mikrofon in der Bühnenmitte. Durch den Nebel war noch nichts zu erkennen. Der Moderator breitete die Arme aus und das Publikum spendete seinen nicht gerade zaghaften Begrüßungsapplaus. »Hallo, Würzburg«, sagte Andy Krauß.

Nach anfänglicher Verwirrtheit erklärte Krauß, Richart N. Streit habe heute keine Lust gehabt und einen Aufenthalt in einem Wellness-Hotel in St. Gallen seiner Moderation vorgezogen, er lässt Grüße aus Zimmer 35 ausrichten. Wie bei jeder Form von offensichtlichem Witz und Satire nahmen wenige Dumme die Information ernst und buhten lautstark. Krauß setzte seine Moderation ungerührt fort, erklärte in aller Kürze die Regeln eines Poetry Slam und fragte, wer in die Jury wolle. Es hoben sich geschätzte fünfzehn Hände, darunter auch zwei aus der Abteilung Polizeiausflug. Krauß verteilte die Jurykärtchen gleichermaßen auf die beiden Hälften des Publikums. Nach dem obligatorischen Applaus für die Jury rief er die Slammer auf die Bühne.

An letzter Stelle folgte Richart N. Streit, der besonders großen Applaus bekam. Zwar gab es ein kurzes aufgeregtes Wispern im Publikum, aber alle konnten sich doch recht schnell auf die neue Rollenverteilung einstellen. Krauß ließ die Reihenfolge auslosen, nach dem patentierten Würzburger System: Der Erstgeloste startet als Letzter und darf sofort die Bühne verlassen, der Zweitgeloste ist Vorletzter und so weiter. Am Ende verbleiben zwei im besten Fall bibbernde Poeten, von denen einer direkt beginnen muss. An diesem Abend handelte es sich um Mo Schimmer und Dorian Kieslig, Björn war als Bjarne Peace auf die fünfte Position gelost worden.

»Let the Slam begin!«, tönte Andy Krauß in bester Boxkampfansagermanier, als feststand, dass Dorian Kieslig eröffnen wird.

»Wie war ich?«, fragte Björn in der Pause, als er mit Kim unten vor der Posthalle stand und erfolglos versuchte, professionell zu rauchen.

»Ich sag das ja nicht gern, aber ich fand es ziemlich gut. Dass sich deine Freundin alle paar Minuten, wenn ihr keine Argumente mehr einfallen, ans Klavier setzt und *Für Elise* spielt, hat mir am besten gefallen. Das mit der Wir-Vision am Ostseestrand war auch recht lustig. Dir ist aber schon klar, dass das nichts mehr mit Regine wird, wenn sie mal einen von diesen Texten über sich hört?«

Björn zuckte gleichgültig mit den Schultern.

»Du bist so ein Arsch. Sie ist doch total nett.«

»Sarah Palin ist auch total nett, sagen manche.«

»Das ist ein ziemlich abartiger Vergleich. Pass mal lieber auf, dass du deine Auftritte nicht als Therapieersatz missbrauchst.«

»Hallo, meine Schöne«, raunte Franz mit voller Bruststimmer und schob sich unvermittelt zwischen die beiden.

»Wir gehen mal wieder hoch«, war Kims Antwort.

Björn schrammte mit 25,5 von 30 möglichen Punkten letztendlich um einen Platz am Finaleinzug vorbei, Richart N. Streit musste punktgleich dieselbe Erfahrung machen und beklagte die Untreue seines Publikums. Hanna Tanner fühlte sich mit 13 Punkten eklatant unterbewertet, stand damit aber ziemlich alleine da. Im Finale trafen Dorian Kieslig, Frau Line und Moritz Bienenbang aufeinander. Bienenbang verzichtete bei seinem Beitrag auf das Mikrofon und schrie wie im Wahn in bester Kinski-Manier seine Abrechnung mit »Party Peoples und Cocktailschicksen« ins Publikum. Er bekam den lautesten Applaus und durfte sich als Sieger auf zwei prallgefüllte Taschen mit zusammengesammelten Geschenken aus dem Publikum freuen, darunter ein ADAC-Straßenatlas von 1988, eine *John Sinclair*-Audiokassette, eine *Kir Royal*-DVD und ein Drogenschnelltest. Wer hatte den wohl mitgebracht?

Die anwesenden Zivilbeamten stellten sich auch nach der Veranstaltung nicht allzu geschickt an. Zwei der fünf Jurymitglieder, die sie beschatten und beschützen sollten, riefen ihrerseits die Polizei respektive ihre starken Freunde, weil sie sich auf ihrem Heimweg verfolgt fühlten. Immerhin wurde dadurch letztendlich sichergestellt, dass alle gut zuhause ankamen. Mit einer Ausnahme. Malte Schnell, Stammzuschauer, landete nach dem Poetry Slam nicht in seiner WG, sondern zusammen mit seinem Verfolger …

Im *Ideal* gab es auch sonntags noch bis 2 Uhr Spaghetti und Hot Dogs. Streit lud seine Slammer nach einer gelungenen Veranstaltung gewohnheitsmäßig zu einem Nachtmahl ein. Gelungen konnte man den Slam mit 482 zahlenden Zuschauern durchaus nennen. Das gesamte Line-Up hatte sich angeschlossen und mit Anhängen zwei Tische eingenommen. Mo Schimmer und Moritz Bienenbang waren zusammen auf dem Klo verschwunden, um auf die Teststreifen des Drogenschnelltests zu pinkeln, Franz hatte sich umorientiert und ein beliebiges Mädchen aus dem Publikum an seiner Seite, ihr Name begann mit einem M oder N. Andy Krauß nahm dies als Anlass, sich neben Kim niederzulassen und sein Haar hinter die Ohren zu streichen. Richart Streit klärte an der Kasse die Sache mit dem Bewirtungsbeleg und wurde von der Bedienung gefragt, wofür eigentlich das N. in seinem Namen stünde. »Nebraska«, antwortete er, ohne vorher zu überlegen, setzte sich dann zu seinen Gästen an den Tisch. Nach dem Hinweis, dass auf die Hot Dogs eher zu verzichten sei und man sich lieber an die Spaghetti halten solle, ergriff er das Wort:

»Es gibt Wichtiges zu besprechen.«

»Ja, die Pole schmelzen«, sagte Dorian Kieslig.

»Und der Parmesan ist aus«, sagte Andy Krauß.

»Und es werden Jury-Mitglieder ermordet«, sagte Streit. »Wir brauchen so eine Art Plan, wie wir damit umgehen.«

Björn und Kim waren nun ganz beim Tischgespräch und auf die weiteren Reaktionen gespannt.

»So schlimm das auch ist – da können wir doch auch nix für«, sagte Kieslig.

»Na ja«, Krauß kraulte seinen Kinnbart, »ich vielleicht schon.«

Franz' neue Freundin schlug theatralisch die Hände vor dem Mund zusammen und quiekte wie eine verängstigte Maus. Die Restbesatzung des Tischs schien Bescheid zu wissen, aus welchen Quellen auch immer.

»Ähm, 'tschuldigung, hab ich das grade richtig verstanden?«, mischte sich Jury-Malte ein, der grade den Tisch Richtung Toilette passieren wollte und hellhörig geworden war.

»Keine Sorge, du hast eine mindestens 80-prozentige Überlebenschance«, beruhigte ihn Andy Krauß. Malte nahm sich einen Stuhl und setzte sich dazu.

»Vielleicht ist das nicht so der beste Augenblick, um irgendwelche großen Verteidigungspläne zu schmieden?«, warf Kieslig ein. »Wir sind ja auch alle nicht mehr ganz nüchtern.«

»Was soll'n das heißen? Ich trinke grade mein erstes Bier ohne Malz und mit Alkohol«, empörte sich Streit. »Zeig mir hier *einen*, der hier nicht mehr zurechnungsfähig wäre!«

Noch während er den Satz aussprach, platzten Mo Schimmer und Moritz Bienenbang tanzenderweise aus der Toilette in den Kneipenraum, schwangen die Streifen ihres Drogentests durch die Luft und skandierten »THC, olé, olé«.

Die bringen heute wenigstens niemanden mehr um, dachte Björn sich im Stillen. Andy Krauß orderte eine Runde Grasovka.

Das stimmungstrübende Thema wurde kurzerhand auf den nächsten Tag verschoben, stattdessen erzählte man sich, wie es in derlei Runden öfter, wenn nicht immer, der Fall ist, legendäre Slam-Geschichten oder auch nur die neusten Wer-mit-wem-Entwicklungen. Manche Erzählungen sind, egal mit wievieljährigem Abstand sie zum Besten gegeben werden, stets aktuell. Zum Beispiel, dass sich Schneewald gerade auf Abschiedstournee befinde und ein Café in Berlin eröffnen wolle. Mit zunehmender Gesprächsdauer unter Slammern nähert sich außerdem die Wahrscheinlichkeit gen 1, dass die Themen »Mario Barth« und »Deutsche Bahn« angesprochen werden – gemeinsame Feinde verbinden.

Franz' Flirt Nadine (Nicole? Monique? Barbara?) schaltete sich an ungünstiger Stelle in die Unterhaltung ein und erzählte von einem Bahn-Erlebnis, dessen Pointe eine lediglich anderthalbstündige Verspätung bildete. Sie erntete Schweigen und Verständnislosigkeit, verschaffte Franz damit aber einen guten Spot, um sie »mal kurz mit raus« zu bitten. Sie waren in dieser Nacht nicht mehr gesehen. Die Restrunde vergnügte sich noch bis Lokalschluss im *Ideal*.

Bis auf einen Verkehrsunfall (toter Winkel) und eine Schlägerei (totes Gehirn) kam es in dieser Nacht in Würzburg zu keinen nennenswerten Vorfällen.

25

Björn wurde um 9.30 Uhr von einer zornigen SMS von Regine geweckt und stellte fest, dass er allein im Zimmer war.

Richart N. Streit wurde um 10.20 Uhr von Jury-Malte geweckt, der zur Uni musste und Streit nicht in seinem Bett zurücklassen wollte. Streit stellte fest, dass sie in Garfield-Bettwäsche geschlafen hatten.

Kim wurde um 11.15 Uhr durch das Klopfen der Reinigungskraft des Hostels geweckt und stellte fest, dass sie mit Andy Krauß in einem Bett lag und kein Höschen trug.

Um 12.15 Uhr traf sich die Reisegruppe Bamberg in der Würzburger Bahnhofshalle. Björn stand zusammen mit Frau Line, gelöster Stimmung und zwei gelösten Bayerntickets vor den Automaten herum, Hanna Tanner sog unweit entfernt ausgiebig den Duft einer Magnolie vor *Blumen Ritter* in sich auf. Björn grinste breitmöglichst Kim entgegen, als sie zusammen mit Andy Krauß auftauchte, der so schien, als würde er sich lieber auf allen Vieren fortbewegen. Franz deckte sich nebenan bei *Yorma's* mit seiner Tagesration Red Bull ein (sechs Dosen), Mo Schimmer und Moritz Bienenbang erschienen als Letzte, zu 50 Prozent geduscht und gekämmt. Die Gruppe war komplett.

Bienenbang verzog gequält das Gesicht, als er auf die Anzeigetafel sah: »Oh nein!« Seine Augen wurden wässrig. »Wir fahren mit der Fail-Bahn[1].«

Er sah um sich, als suche er jemanden, der ihn in den Arm nimmt und tröstet. Mo Schimmer legte ihm väterlich eine Hand auf die Schulter und redete ihm beruhigend zu: »In einer Stunde haben wir es hinter uns.« Schicksalsergeben zog Bienenbang seinen Reisetrolley als Schlusslicht der Gruppe schließlich auf Gleis 11.

Die Bahnfahrt verlief in Björns Sinne. Er konnte sich auf einem Vierersitzplatz gegenüber von Andy Krauß und Kim positionieren und den noch freien Platz mit seiner Reisetasche blockieren, die nicht in die Gepäckablage gepasst hatte. Ein Mindestmaß an Privatsphäre war ihnen dadurch garantiert, dass die anderen Slammer dank Platzknappheit im Untergeschoss der zweistöckigen Fail-Bahn Platz nehmen mussten. Hinter ihnen machte schon vor der Abfahrt eine Flasche Selbstgebrannter die Runde, der Zug fuhr um 12.36 Uhr los.

Kims Kopf kippte zur Seite ans Fenster. Die Nacht war also anstrengend gewesen, folgerte Björn, oder sie stellte sich schlafend, um ihm freie Bahn zu lassen. Da sie aber nichts von seinem Vorhaben wissen konnte, war es wohl tatsächlich die Erschöpfung. Seit Sabine Meyers ausführlichen

---

1 *Fail-Bahn*: Slammer-Jargon für Regionalbahn/Regional Express. Definition nach Wortschöpfer Björn Dunne: Zug des Pöbels. Präferiertes Fortbewegungsmittel von Fußballhooligans und Junggesellinnenabschieden. Fährt jedes noch so inzestuöse Dorf Deutschlands an. Erkennbar an mangelnder Klimaanlage, Fehlkonstruktion (siehe Gepäckablage), Fahrrädern und Pendlern. Fail!

Schilderungen wussten einige Menschen mehr über Krauß' Kondition Bescheid. Dieser war nach zwei Pappkaffees zu je einem Euro wieder einigermaßen hergestellt und frühstückte gerade einen kleinen Obstsalat zu einem Euro.

»Was hast du heute Abend vor?«, fragte Björn.

Krauß hielt inne und schob sich die Traube, die er auf dem Kieker hatte, noch nicht in den Mund.

»Was meinst du, was ich vorhabe?«

»Naja, wirst du auftreten?«

»Dafür bin ich hier.«

Die Traube verschwand.

»Gestern war deine Moderation so was wie eine Vorsichtsmaßnahme, wenn ich das richtig verstanden habe.«

»In welcher Form ich auftreten werde, weiß ich noch nicht. Du hast das ja sicherlich schon mitbekommen mit den toten Mädchen aus der Jury.«

Björn nickte ernst.

»Das hat irgendwas mit mir zu tun. Und mit meinen Texten.«

»Und was heißt das nun? Wirst du nie mehr als Teilnehmer bei einem Slam mitwirken, bis der Mörder gefasst ist?«

»Ich weiß es nicht.«

Krauß wirkte tatsächlich ratlos. Zum ersten Mal seit Björn ihn kannte, glaubte er, auch eine gewisse Furcht in seinem Blick zu erkennen.

»Gestern ist nichts passiert, weil ich moderiert habe – wahrscheinlich«, sagte er, ohne eine Fortsetzung des Gedankens parat zu haben. Björn blieb still und gab ihm Zeit.

»Aber«, fuhr Krauß fort, »wenn ich mitgemacht hätte, hätten sie ihn vielleicht gekriegt. Da waren Zivilbullen im Publikum, hat der Streit gesagt.«

Er ist auf der richtigen Spur, dachte Björn. Ein kleines Stückchen noch. Vielleicht etwas Nachhilfe?

»Das wird heute Abend wieder so sein«, sagte er.

»Sicher?«, fragte Krauß skeptisch.

»Von der Polizei kann man ja halten was man will, aber bei sinnlosen Arbeitseinsätzen sind sie ganz groß. Die werden auch noch für die nächsten zehn Monate ein Dutzend Beamte zu den Slams schicken, bei denen du vor Ort bist.«

»Keine schöne Vorstellung.«

»Also …«

Björn war sich nicht sicher, ob er Krauß zu sehr mit seiner Auffassung bedrängte. Krauß empfand es eher als Gedankenaustausch und setzte fort:

»Also sollte ich heute Abend teilnehmen, damit sie die Chance bekommen, den Mörder zu fassen.«

»Klingt vernünftig … irgendwie«, stellte Björn fest und versuchte, sich seinen Triumph nicht anmerken zu lassen.

»Wäre auch wirklich nicht verkehrt, wenn das mal ein Ende hätte«, sagte Krauß und schob sich einen Orangenschnitz in den Mund. Damit war die Sache gegessen.

26

»Ihr seid viel zu früh dran«, sagte Nils Rutsche zur Begrüßung, als er die Gruppe in seiner Wohnung in Empfang und jeden herzlich in den Arm nahm. Seine war nun vorübergehend auch ihre Wohnung und es gewohnt, viele Gäste aufzunehmen.

Über einem Programmkino direkt an der vom Bahnhof abgehenden Luidpoldstraße gelegen, besiedeln seit Studentengenerationen je etwa zwanzig Bewohner die drei übereinanderliegenden, großzügigen WGs und veranstalten regelmäßig Feiern, zu denen jeder willkommen ist, der am Fahrradaufkommen vor dem Haus ablesen kann, dass eine Feier stattfindet. Wie es bei derlei alternativen Kultstätten immer ist, wird irgendwann der örtliche Bäcker oder sonst jemand das Haus aufkaufen und alle rausschmeißen. Noch erfreuen sich aber alle Bewohner ihres ungezwungenen Daseins.

Andy Krauß wäre ob der Gemütlichkeit, die die fünf mächtigen Sofas um die tiefergelegten Biertische im Wohnzimmer ausstrahlten, am liebsten sofort in seine Jogginghose geschlüpft, stellte dann aber fest, dass er seine Jogginghose bereits trug. Dem Tischkicker und der Dartscheibe in der anderen Zimmerhälfte wurde zunächst keine Beachtung zuteil, die »Sitz- und Lümmelecke« (Rutsche) wurde komplett besetzt.

Der Gastgeber kochte Kaffee und gab den WLAN-Schlüssel bekannt, woraufhin die Netbooks ausgepackt wurden und nach den anfänglichen Begrüßungsturbulenzen eine himmlische Ruhe Einzug nahm. Rutsche nahm dies als Anlass, sich noch eine halbe Stunde aufs Ohr zu legen. Hanna Tanner, als Einzige nicht mit einem transportablen Computer ausgestattet, sortierte die Teesorten der WG alphabetisch. Moritz Bienenbang schlief unter der Last des Netbooks auf seinem Schoß ein.

Die Nachmittagsruhe hatte ein Ende, als kurz nach 16 Uhr Theresa Baal aufkreuzte. Sie war aus Berlin angereist und trug eine pinke Pudelmütze mit Bommel, die ständig Gefahr lief, ihr über die Augen zu rutschen. Dank ihrer Körpergröße mussten sich die meisten Anwesenden nicht von ihren bequemen Plätzen erheben, um sie zu begrüßen.
»Nils, ist hier in der Stadt heute eine Bad Taste Party?«, fragte sie unsicher.
»Nicht dass ich wüsste. Wieso?«
»Am Bahnhof haben mich zwei Mädels gefragt, ob ich heute auch auf die Bad Taste Party käme ...«
Theresa Baals Kleidungsstil war tatsächlich gewöhnungsbedürftig. Böse Zungen behaupten, sie kleide sich gerne bis zur Hüfte wie ein Clown – und darüber wie ein anderer Clown. In vollem Bewusstsein dessen tat sie die Anmache am Bahnhof als provinzielles Unverständnis von Selbstverwirklichung ab und steckte sich eine Menthol-Zigarette an.
»Wollte der Bärold nicht auch mit dir herkommen?«, fragte Mo Schimmer.
»Ja«, sagte Baal und begann zu kichern.
Ihren von Lustigkeitsanfällen unterbrochenen Schilderungen nach war Philipp Bärold in Berlin mit ihr losgefahren, wollte sich, als der Zug in Jena gehalten hatte, »mal schnell im Bahnhof was zu trinken holen«. Der Zug war weitergefahren, kurz nachdem er ausgestiegen war.

Ihre Erheiterung übertrug sich auf die Umsitzenden. »Schadenfreude« musste nicht umsonst erst in andere Sprachen exportiert werden, da es wohl ein ursprünglich deutsches Empfinden ist.

Bärolds Gepäck jedenfalls erwartete ihn im Bamberger Bahnhof, Theresa Baal hatte sich nicht zugetraut, es einen halben Kilometer weit zu schleppen. Bärold kam, geschuldet weiterer unglücklicher Verkettungen wie beispielsweise Tiefschlaf am Ausstiegsbahnhof, erst tags darauf in Bamberg an.

Rutsche bereitete eine weitere Runde Kaffee zu, die Slammer fühlten sich mittlerweile ziemlich zuhause und hatten sich neben dem Wohnzimmer auch auf die Küche und einige Schlafzimmer von Mitbewohnern verteilt, die gerade aushäusig waren. Die allgemeine Laune war dumpf und dösig, passend zur geschlossenen Wolkendecke, die man vom Balkon aus bewundern konnte. In der Geriatrie hätte kaum größere Stimmung aufkommen können. Björn hatte sich seit einer Weile in der Küche mit Frau Line unterhalten, da er sich neben Kim und Andy Krauß etwas überflüssig vorgekommen war. Das Gespräch war seit wenigen Minuten bei Frau Lines Psychologiestudium angekommen, Björn folgte ihren Erzählungen über beeinflussende Tests an ihren Kommilitonen interessiert, als seine Hose zu vibrieren begann. Er räusperte sich, unterbrach damit Frau Line an nicht unspannender Stelle, und sah auf das Display. Anonym ruft an. Regines neue Masche. Er drückte das Gespräch weg. Eine Minute später vibrierte es wieder. Anonym ruft an.

»Nun geh doch schon ran«, sagte Frau Line, »du wirst es überleben«.

Björn ging in den Wohnungsflur, lugte durch eine offenstehende Tür in ein Zimmer hinein, das offensichtlich von einem Literaturwissenschaftler bewohnt wurde, wie die überquellenden Bücherregale bis unter die Decke nahelegten. Der Lesefuchs selbst war nicht anwesend. Björn schloss die Tür hinter sich und nahm den Anruf unfreudig entgegen.

»Ja, was?«

»Kollege Hahne!«, begrüßte ihn Peter Himmel schroff. »Ich hoffe doch, es hat einen ermittlungstechnischen Grund, dass Sie meine Anrufe abweisen.«

Björn war regelrecht erleichtert, die autoritäre Stimme seines Vorgesetzten zu hören.

»Wie ist die Lage in Bamberg? Was tun Sie?«

»Wir chillen.«

Björn war darauf bedacht, potentiellen Mithörern keinen Anlass zur Skepsis zu geben. Die Türen waren schließlich dünn, die Wände hatte er nicht abgeklopft, aber Vorsicht ist die Mutter ...

»Sie tun WAS?«

»Wir tun – äh – nichts.«

»Früher nannten wir das herumlungern.«

Und Opa erzählt wieder vom Krieg.

»Dafür konnte man verhaftet werden. Würde mich nicht wundern, wenn das in Bayern immer noch so ist. Seien Sie vorsichtig, Kollege Hahne.«

Björn hörte Peter Glasow im Hintergrund trocken lachen.

Wie niedlich, sie haben den Lautsprecher am Telefon eingeschaltet und telefonieren den Kleinen hinterher, die das Haus verlassen haben und Abenteuer erleben.

»Wie stehen heute die Voraussetzungen? Wird sich die Gegenseite mal wieder blicken lassen? Was meinen Sie?«

Die Zimmertür öffnete sich knarrend. Ein hagerer, großgewachsener Typ mit stark zurückgezogenem Haaransatz trat ein. Der Zimmerbewohner höchstwahrscheinlich.

Er nickte Björn müde zu, machte keine Anstalten, ihn aus seinem Reich zu verbannen, legte sich in voller Montur auf das ungemachte Bett und schloss die Augen.

»Ja, du hast recht, Mutti, der Mond steht heute besonders günstig fürs Blumengießen«, sagte Björn.

Der Zimmerinhaber fabrizierte ein kicherndes Krächzen, wie Ernie aus der Sesamstraße. Chr chr. Nach zwei Sekunden verstummte er abrupt und begann, regelmäßig und tief zu atmen.

Peter Himmel am Ende der Leitung schien zu verstehen.

»Wir sind jedenfalls gut aufgestellt. Zehn Beamte in Zivil, das sollte genügen. Dann fangen Sie mal den Ganoven, Kollege Hahne! Wenn Sie das schaffen, kocht Kollege Peter rote Wurst.«

Na Gott sei Dank, dachte Björn.

»Ja, Mutti, so machen wir das. Viel Spaß beim Nordic Walking!«

Himmel fühlte sich für einen kurzen Moment ertappt. Dass er ab und an mit seiner Frau und Skistöcken in den Wald geht, hatte er auf der Arbeit bisher erfolgreich verheimlichen können. Er sprach überstürzt sein »Widerhöän« und griff zur neusten Ausgabe des *Kicker*.

Björn sah auf den sich nicht mehr rührenden Scheinschlafenden, verließ das Zimmer und schloss behutsam die Tür.

Es war etwas mehr Leben in die Slammer gekommen. Mo Schimmer lieferte sich eine nervenaufreibende Partie Schach mit Nils Rutsche. Schimmer wurde nicht müde zu erwähnen, dass er einstmals nordhessischer B-Jugend-Meister im Blitzschach geworden war.

»Weißt du«, sagte Schimmer in großväterlicher Art, »im Gegensatz zum Poetry Slam ist es beim Schach so, dass derjenige mit der größeren Denkleistung zuverlässig gewinnt und sich hinterher niemand beschweren kann.«

»Ich weiß«, sagte Rutsche.

»Schach Matt!«, sagte Schimmer.

Moritz Bienenbang erwachte von dem Ausruf und sah verwirrt um sich.

Die ersten Regentropfen fielen, als die Slammer das Haus verließen.

»Ist nicht weit«, sagte Rutsche beschwichtigend. »Nur einmal um die Ecke.«

Diese Information war nicht für alle Anwesenden neu, als ordentlicher Reisepoet kennt man seine Arbeitsplätze. Nur für Theresa Baal und Frau Line war es der erste Bambergaufenthalt überhaupt.

Frau Line zog ihr Gesicht in die Länge und nickte scheinbar anerkennend. »Schöne Aussicht habt ihr hier«, sagte sie mit Blick auf die andere Straßenseite, wo sich an ein Bettengeschäft ein Matratzengeschäft und ein Sexshop anschlossen. Das Weltkulturerbe, die Bamberger Altstadt, lag immerhin eine Brücke entfernt.

Wie angekündigt, erreichten sie den *morph club* schon nach einer Abbiegung und zwei Minuten Fußweg.

27

Der *morph club* besteht überirdisch nur aus seiner Eingangstür. Daher fällt er nicht wirklich auf, wenn nicht 50 Fahrräder links und rechts in Zweierreihen an den Schaufenstern der Geschäfte lehnen – so dass man im Ernstfall die »Fahrräder abstellen verboten«-Schilder gar nicht mehr erkennen kann. Der Eingang in die Bamberger Unterwelt ist flankiert von einem trendigen Bio-Lifestyle-Geschäft und *Nicos Fanshop*, einem Laden, der ausschließlich schwarze Kapuzenpullover führt. Einige wenige Zuschauer standen rauchend auf der Straße, eine Einzige hatte gar an einen Regenschirm gedacht.

Rutsche ging voraus nach innen, die Treppe hinunter, nach rechts, nach links durch einen langen verchromten Gang, vorbei an den ersten sich bereits stauenden Zuschauern, und schließlich in den Innenraum des Clubs. Kassenmann Luke begrüßte ihn mit einem langgezogenen »Heeeeey« und verteilte Stempel auf alle Handgelenke. Auf dem Boden waren schon einzelne Plätze mit Jacken und Sitzkissen reserviert, Stühle gab es nicht. Es war 20.35 Uhr, fünf Minuten nach offizieller Einlasszeit und zwanzig Minuten, bevor der Großteil der Zuschauer eintreffen würde. Das Barteam arbeitete sich locker warm, Beginn der Veranstaltung war laut Flyer 21 Uhr.

Um 21.26 Uhr entschloss sich Rutsche, die Veranstaltung zu beginnen. Zwischenzeitlich war über einen Einlassstopp diskutiert worden, mit dem Ergebnis, dass die hinteren Reihen zwecks Platzbeschaffung stehen statt sitzen sollten.

Etwa 450 Zuschauer waren im Raum. DJ Käpt'n Krabumm spielte die *Früchte des Zorns* mit »Das Herz ist ein Muskel in der Größe einer Faust« an, das traditionelle Eröffnungslied. Zum letzten Ton ergriff Rutsche das Mikrofon und rief seine Begrüßungsfloskel hinein: »Halloooo Slamberg!« Im Gegenzug erhielt er einen nicht zu verachtenden Begrüßungsapplaus.

Rutsche erklärte die Regeln, stellte dem Sieger einen »sensationellen Preis« in Aussicht und kam schließlich zu der Frage, deren Beantwortung von vielen im Raum mit weit größerer Spannung erwartet wurde als das Ergebnis des Slams:

»Wer ist so todesmutig, die Slammer heute zu bewerten? Wer will in die Jury?«

Wie wahr, dachte Björn, der am linken Bühnenrand neben Frau Line stand.

Einige Hände hoben sich und wedelnden durch die Luft, es waren weit mehr als fünf. Rutsche ging hinunter ins Publikum und verteilte willkürlich Täfelchen, Schwämmchen und Kreide, die mit großer Vorfreude entgegengenommen wurden. Vier Frauen und ein nach Erstsemester aussehender Bubi ohne Bartwuchs hielten schließlich das Slammerschicksal in den Händen – eine Auswahl, die die Geschlechterverteilung im Publikum recht korrekt widerspiegelte. Rutsche zog Mo Schimmer als Ersten aus dem Hut, der ans Mikrofon trat und zunächst einmal gackerte.

»Ziemlich gut, der Hühnertext«, flüsterte Andy Krauß Kim ins Ohr und hielt sie damit paradoxerweise davon ab, die erste Pointe mitzubekommen. Sie saßen rechts neben der Bühne aneinandergekuschelt im Slammer-Sitzeckchen, von wo aus sie die Vortragenden nur schräg von hinten sehen konnten, aber einen guten Blick an den Scheinwerfern vorbei aufs Publikum hatten. Schimmer kam scheinbar sehr gut an.

»Was wirst du heute bringen?«, fragte Kim.

Krauß sagte zunächst nichts, wartete eine Textstelle Schimmers ab, nach der gewohntermaßen Zwischenapplaus aufbrandete. Er antwortete bedächtig:

»Ich glaube – ich werde große Erwartungen aufbauen – und diese dann rundum enttäuschen.«

»Klingt nach einem Plan«, sagte Kim amüsiert.

»Das machen viele Slammer so. Der Unterschied ist, dass es die meisten anderen nicht absichtlich tun.«

Hanna Tanner bestätigte seine Aussage auf dem zweiten Startplatz unbewusst. Nachdem Rutsche das Publikum angetrieben hatte, zu klatschen, »bis die Poetin am Mikrofon lutscht«, was durch ihren vorherigen Standort der Bar am Ende der Tanzfläche für viele recht verausgabend war, präsentierte sie sich zunächst in pompöser Pose, dankte für den Applaus und brachte einen sentimentalen Text auf Französisch, der nur sie allein zu Tränen rührte und sonst eher auf Skepsis traf – gerade auch wegen der eigenwilligen Aussprache.

Wie kann sie sich das nur immer wieder antun, dachten einige Slammer unisono. Kim stellte derweil ihre eigentliche Mission in den Hintergrund und knutschte heftig mit Andy Krauß.

Björn fühlte sich hingegen heute gar nicht als Slammer, sondern achtete während den Wertungen besonders auf alle sich verdächtig verhaltenden Personen in seinem Blickfeld. Schlechtverkleidete Kollegen hatte er noch nicht ausmachen können, das Publikum wirkte homogen studentisch auf ihn.

»Du bist dra-han!«, raunte ihm Frau Line ins Ohr und boxte ihn sanft in die Seite. Björn hatte nicht auf die Auslosung geachtet. Sein Weg ans Mikrofon betrug vier Schritte.

Rutsche kreidete während seines Antritts »3. Bjarne Peace« an die Tafel. Björn war sich nicht sicher, ob er ohne diese Erinnerungsstütze nicht seinen richtigen Namen erwähnt hätte. Bjarne Peace – wie bescheuert sich das anhört!

Björn-Bjarnes Auftritt war, man muss es objektiv so sagen, grauenhaft.

Die Textblätter zitterten sichtbar mit seinen Händen, er verlas sich bereits in den ersten zwei Sätzen viermal, unterbrach den Text, atmete bei völliger Stille im Club tief durch und versuchte weiter sein Bestes. Doch besser wurde es nicht. Hoffentlich filmt das niemand, dachte er, kurz bevor er als Ultima Ratio die Taktik wählte, selbst über seine Pointen zu lachen. Es gelang ihm nicht, seine gespielte Erheiterung auf das Publikum zu übertragen. Er geriet ins Schwitzen und dachte noch während des Vortrags an eine Weisheit, die er im Lauf des Tages von irgendwem gesagt bekommen hatte:

Im besten Fall stülpst du eine Käseglocke über dich und das Publikum. Egal was für einen Text du bringst, solange sich alle unter der Glocke verbunden fühlen, läuft es gut. Dann kann dir auch die Wertung egal sein.

Ich bin der Appenzeller und die sind der Cheddar, und wir haben verschiedene Käseglocken, dachte er sich, kurz bevor er einen mitfühlenden Schlussapplaus bekam. Ein Zuschauer johlte sogar. Björn war sich nicht sicher, wie er das nun interpretieren sollte.

Frau Line empfing ihn neben der Bühne mit einem Gin Tonic, »zur Regeneration«, und nahm ihn tröstend in den Arm. Er mochte das.

Theresa Baal rempelte die beiden auf ihrem Weg zum Mikrofon versehentlich an und entschuldigte sich dafür brav von der Bühne aus. Sie hatte es nicht allzu schwer, für einen Text, in dem purpurne Wolken eine gewisse Rolle spielten und dem Björn nicht folgen konnte, die Höchstwertung zu kassieren. Franz schloss die erste Halbzeit mit einer Story über seine Kühlschrankvorräte ab. Theresa Baal führte. Nils Rutsche läutete die Pause ein, indem er mit gesponserten Halspastillen in kleinen Döschen um sich schmiss.

Der *morph club* leerte sich zur Hälfte, die Nichtraucher versuchten, drinnen Spaß zu haben oder neue Getränke zu beschaffen. Moritz Bienenbang guckte sich an der Bar ein Mädchen aus, nickte ihr aus kurzer Distanz zu – und las einen eindeutigen Hilferuf aus ihren Augen. Schnell erkannte er die Ursache: Hanna Tanner redete auf sie ein. Er bestellte zwei *Herrenpils* und hoffte darauf, dass auch Damen dieses ihm unbekannte Bier trinken dürfen, als er sich zwischen die beiden schob.

»Ja, Mensch, dass du hier bist!«, begrüßte er die Fremde. »Trinken wir eines, oder? Auf die alte Zeit.«

Hanna Tanner sah nur noch Bienenbangs wild gelockten Hinterkopf vor sich. Sie reckte sich über seine Schulter, schob ein bestimmtes »Das solltest du dir merken!« in Richtung des Mädchens nach und machte sich auf die Suche nach ihr gewachsenen Gesprächspartnern.

»Ich bin Moritz«, sagte Bienenbang verschmitzt, »und das Bier ist wirklich für dich.«

Das Mädchen sah ihn an und schob die Mundwinkel nach oben.

»Resi«, sagte sie.

Bienenbang unterdrückte unter inneren Schmerzen eine Traktor-Anspielung.

»Was solltest du dir merken?«

»Ach«, sagte Resi und blies genervt Luft aus, »dass es eine Riesenleistung ist, überhaupt auf der Bühne zu stehen und so und dass niemand weniger als sieben Punkte geben sollte. Respect the poets, weißte?«

»Weiß ich«, sagte Bienenbang und entschied sich dafür, Resi erst später damit zu überraschen, dass er selbst noch auftreten würde. »Und warum sagt sie das ausgerechnet zu dir?«

»Deshalb«, sagte Resi und hob ihre Wertungstafel ins Tresenlicht.

»Ach«, brachte Bienenbang nur überrascht heraus, bevor er den nächsten vernünftigen Gedanken fassen konnte: »Trinkst du gerne Schnaps?«

Chiara Kielsen kam zu spät. Die Bamberger Lokalmatadorin wohnt zwar nur zwei Minuten Fußweg vom *morph club* entfernt, hatte aber eine prägnante und glaubhafte Ausrede parat: »Ein Frauenproblem.«

Nils Rutsche verzog sein Gesicht, als er nur das Wort hörte und trug sie umgehend auf der Liste nach. Zusammen mit einem ihm bislang Unbekannten, Bienenbang, Krauß und Frau Line war die zweite Hälfte also ebenfalls gut bestückt. Er gab dem DJ ein Zeichen, dass es gleich weitergehen würde.

Björn hatte sich wieder auf seiner Position links von der Bühne eingefunden.

Er fieberte Krauß' Auftritt entgegen und konnte seine Aufregung nicht ganz verbergen. Seine Bewegungen waren hektisch und er setzte seine Bierflasche noch dreimal an, obwohl sie schon leer getrunken war.

»Hey, alles gut, du musst nicht noch mal hoch«, sagte Frau Line, die auch während der Pause keine größere Distanz zu

Björn hatte aufkommen lassen (was ihm durchaus schmeichelte), und schob sich enger an ihn als es der Platzmangel erfordert hätte. Björn legte einen Arm um ihre Hüfte und nickte vor sich hin. Sie sahen aufs Publikum, als Rutsche die zweite Halbzeit eröffnete.

»Sind noch alle Jurymitglieder am Leben?«, fragte er. »Zeigt euch mal!«

Das muss nun aber wirklich nicht sein, dachte Björn. Andererseits, außer den Slammern und den Zivilbullen weiß niemand von der Gefahr. Habe ich Zivilbullen gedacht? Ich böser Junge. Da hat sich eine einen Klappstuhl mitgebracht ...

Björns Stream Of Consciousness riss während der nächsten halben Stunde nicht ab. Er war auf voller Empfangsleistung für alle Auffälligkeiten, seine Augen wanderten schnell und gierig zwischen den vor ihm Sitzenden hin und her, wie bei einem Junkie, der auf den nächsten zusammengepanschten Mehlhaufen aus ist.

Frau Line hatte er mit dem Rücken an seiner Vorderseite platziert, er hielt ihren flachen Bauch mit seinen Händen umschlossen. Zwei Fliegen mit einer Klappe: Sie registrierte seinen Sucherblick nun nicht mehr, er hatte ohnehin ein Defizit an körperlicher Nähe.

Ein schönes Paar, dachte Käpt'n Krabumm auf seiner DJ-Kanzel.

Vom Verlauf des Wettbewerbs bekam Björn lediglich mit, dass Frau Line als zweites an der Reihe war. Er stand zwar direkt neben einer der Boxen, hatte aber keine Ohren für die Texte. Nur bei den Auslosungen wurde er hellhörig und wartete mit zunehmender Anspannung darauf, dass endlich der Name »Andy Krauß« fiel.

Nachdem Chiara Kielsen, Frau Line und Moritz Bienenbang an der Reihe gewesen waren, standen die Chancen Fifty-Fifty und, tatsächlich, nun sollte der Spaß endlich losgehen.

Andy Krauß schlurfte von seinem Sitzplatz hinüber ans Mikrofon und begann seinen Vortrag:

»Sie wissen ja sicherlich alle, wie es dazu kommt, dass beim Fernsehen immer schon ein ziemlich fertiger Nachruf zum Senden bereit liegt, sobald irgendeine wichtige Person des Zeitgeschehens unerwartet verstirbt. Für die Dummen unter Ihnen: Die werden vorproduziert und gelegentlich geupdatet. Beliebte Praktikantenarbeit. Warum ich das erwähne, ist, weil ich mir sicher bin, dass dieser Text, den ich heute zum allerersten Mal überhaupt lesen werde, in meinem Nachruf Erwähnung finden wird. Es ist sozusagen der Schlüssel zu meinem Gesamtwerk.

In der Krauß-Forschung können Sie ohne diesen Text keinen Blumentopf gewinnen. Ich habe ihn in einer sehr belastenden Phase meines Lebens verfasst, im Alter von acht Jahren.«

Erste Lacher.

Krauß zog ein Schulheft im DIN A5-Format aus seiner hinteren Hosentasche, drehte sich nach rechts auf seine übliche Leseposition ein und strich sich die Haare hinter das linke Ohr.

Björn bemerkte einen unruhig herumrutschenden Zuschauer in der fünften Sitzreihe, der fahrig um sich blickte. Herr Mörder? Herr Kollege? Der Beobachtete bemerkte, dass er von Björn fixiert wurde, zuckte zusammen und stieß mit dem Knie seine Flasche um.

»Ruhe! Ich arbeite hier!«, schrie Krauß.

»Der Titel lautet: *Juhu, wir gehen schwimmen*.«

Vorfreudiges Gekicher.

»*Ich habe keinen Bock auf Hausaufgaben. Balthasar, mein Meerschweinchen, ist müde und will nicht mit mir spielen. Er hockt in seinem Haus in seinem Käfig. Doof.*«

Lauteres Gekicher.

»*Es ist heiß, und ich will ins Freibad. Aber niemand hat Zeit. Noch doofer. Ich traue mich nicht, Gameboy zu spielen, weil ich glaube, dass Mama das Klackern der Tasten durch die Tür hört. Und sie hat gesagt, ich muss Hausaufgaben machen. Und dass sie die danach sehen will. Voll gemein. Geteilt-durch-Rechnen mag ich nicht.*«

Krauß unterbrach sich, senkte sein Schulheft und wartete, bis sich das Publikum etwas beruhigt hatte.

»An dieser Stelle, meine Damen und Herren, habe ich eine halbe Seite lang nichts geschrieben, anscheinend um meiner inneren Leere Ausdruck zu verleihen.

Viel wahrscheinlicher aber ist es, dass ich durch die Ellipse schon in der frühen Phase meines Genies unbewusst den im Naturalismus besonders populären Sekundenstil angewandt habe. Denn, Achtung, es geht weiter:

Das Ergebnis war 25. Ich bin mir ziemlich sicher. Mama glaubt mir das bestimmt. Außerdem hat grade Lorenz von draußen rübergerufen.

Sie sehen, was in der Kinderwelt alles möglich ist. Er hat nicht nur von draußen hereingerufen, sondern sogar herüber.

Er hat gerufen, er ist schon mit den Hausaufgaben fertig, und das Ergebnis ist 25. Und jetzt hat er Zeit, mit mir ins Freibad zu radeln.

Juhu, wir gehen schwimmen!«

Großer Zwischenapplaus.

»Vielen Dank für Ihre Aufmerksamkeit und Ihr Mitwirken!«
Krauß ging ab. Vereinzelt schüttelten Zuschauer die Köpfe, manche klatschten eher müde, einige jubelten frenetisch.

Das war es also, der Text von Andy Krauß, dachte Björn, ersehnt, enttäuschend, nichtssagend, aber lustig irgendwie. Was soll der Mörder damit anfangen? Wird schwierig werden für ihn. Björns Anspannung fiel zunächst von ihm ab.

Die Wertungen gingen von 5 bis 10 Punkten. Am Ende standen 23 Punkte für Krauß an der Tafel und ein gewisser Sepp wurde als letzter Poet gezogen. Parallel erhob sich Björns Verdächtiger, der Fahrige, und bahnte sich seinen Weg durch die Zuschauer. Doch kein Kollege? Was macht der? Plant er ein Attentat? Björn löste sich von Frau Line, um notfalls eingreifen zu können. Der Typ kam direkt auf ihn zu, Björn ballte schon seine rechte Faust, da drehte der Andere ab und stieg auf die Bühne. Hallo Sepp.

»Wiaßts iah, wos a Gnackfotzn is?«, begann er seinen Auftritt. Stille. Oberbayerische Stand-Up-Comedy. Er würde seinen Kollegen später zuhause erzählen, dass es an der Akustik gelegen hatte, dass er nicht beim Publikum angekommen ist. Er war völlig zu Recht nervös gewesen.

Nachdem Sepp seine 15 Punkte kassiert hatte, verkündete Rutsche das Finale: Theresa Baal, Moritz Bienenbang und Chiara Kielsen durften noch mal ran. Vorher aber wurde die Jury aufgelöst und mit einem Applaus bedacht.

Björn, Kim und mindestens zehn andere Personen im Raum achteten mit größtem Interesse darauf, wer da seine Täfelchen aus der Hand gab. Die Observation zum Schutz der Gefährdeten begann genau in diesem Moment.

Theresa Baal gewann den Slam.

Der angekündigte »sensationelle Preis« entpuppte sich als ein ausrangiertes Buch aus Rutsches eigenem Bücherregal, eine der zahllosen Biografien über Hannelore Kohl, mit dem Titel »Geh doch aus dem Licht«.

Anbei eine Flasche Rum, die auf größere Freude seitens der Empfängerin stieß. Käpt'n Krabumm legte Tanzmusik auf.

28

Günther und Andreas beobachteten das Treiben aus der Ecke heraus. Die beiden Jungpolizisten der Bamberger Polizei waren dafür abgestellt, ein Auge auf Resi zu werfen. Die restlichen Jurymitglieder waren mit jeweils einem Paar ungewünschter Begleiter schon aus dem Club entschwunden.

Resi stand an der Theke und sah Moritz Bienenbang dabei zu, wie er zwei Sambuca in Brand zu setzten versuchte.

»Doch garr ned so schlimm, wie sie alle sachen duhn«, sagte Günther.

Er meinte damit den *morph club* an sich, der in der Bamberger Bevölkerung im Allgemeinen auf große Skepsis trifft. Laut öffentlicher Meinung stechen sich dort täglich Junkies gegenseitig ab, und Schlimmeres. Natürlich wurde in der Stadtzeitung auch schon ein Leserbrief mit der berühmten AIDS-Spritze abgedruckt.

»Basst scho«, antwortete Andreas nur.

Wenige Meter neben ihnen wurde Andy Krauß von einer Zuschauerin an der Bar angesprochen. Nach etwa einer Minute Gesprächszeit mit der jungen Dame hing er plötzlich an ihrem Dekolleté und saugte sich daran fest. Er setzte ab, begutachtete sein Werk, ließ sich einen Edding vom Barmann geben und kritzelte etwas neben den entstandenen Knutschfleck. Das Mädchen kicherte während der kompletten Aktion wie ein Kleinwagen mit Startschwierigkeiten.

»Sie wollte ein Autogramm«, erklärte Krauß Kim, als sie neben ihm auftauchte. Die Beglückte präsentierte stolz ihre obere Brust. Kim lachte mit.

Die Undercover-Kollegen Günther und Andreas machten große Augen und sahen sich entgeistert an. Anschließend verfolgten sie mit scharfem Blick, wie sich der Club zusehends leerte, bis außer Resi nur noch die Slammer übrig waren. Als Erste aus ihrer Reihe verabschiedete sich gegen 23.40 Uhr Hanna Tanner, die noch nach Hause fahren wollte.

»Ich muss meine Mutter pflegen«, sagte sie überlaut in desinteressierte Gesichter. »Die Arme ist grade erkältet und meine berühmten Kräuterwickel …« Der DJ drehte die Musik lauter.

»Gomischer Dübb«, kommentierte Günther ihren Abgang.

Björn ging neben ihnen vorbei Richtung Toilette. Andreas folgte ihm unvermittelt.

Er kontrollierte, ob die Kabinen leer waren, stellte sich direkt neben Björn an eines der Pissoirs und öffnete die Hose.

»Golleeche Hahne …«, flüsterte er.

Björn zuckte zusammen. Er hatte nicht damit gerechnet, dass er ausgerechnet hier von einem Kollegen aufgesucht würde. Einige Spritzer Urin landeten dank der unkontrollierten Ganzkörperkontraktion auf dem Boden. Björn sah Kollegen Unbekannt feindselig an.

»Mir habe die Laache im Grriff!«, sprach dieser verschworen weiter.

Wie passend, dachte Björn, die Lache.

»Sie können mich doch nicht hier auf dem Klo …«

»Mir bleibe an der Jury-Frrau drran! Un' Sie sinn ja aach noch da. Da geht nix schief heude.«

Unverrichteter Dinge packte er seinen Penis wieder ein, ging mit Björn an die Waschbecken und zwinkerte ihm im Spiegel zu.

Was ein Vollidiot, dachte Björn und machte sich schnellstmöglich wieder auf den Weg zur Tanzfläche, wo Frau Line ihn schon wirbelnd erwartete.

Undercover-Kollege Günther teilte Andreas mit, was sich während dessen Abwesenheit Dramatisches ereignet hatte: »Die zwaa da an da Bahrrr« – Resi und Bienenbang – »die ham gebusselt«.

Dass Bienenbangs Hand dabei unter ihrem T-Shirt mit dem Rolling-Stones-Zungen-Aufdruck gelandet war (während er das Schnapsglas noch in der anderen hielt) hatte Günther aus seiner Position nicht bemerken können. Resi hatte es ohne Widerwehr zugelassen, aber nicht zurück gegrapscht, obwohl sie durchaus Lust darauf gehabt hätte. Doch die Nacht würde noch lang und aufregend werden.

Käpt'n Krabumm machte die Durchsage, dass er wegen eines Seminars früh raus müsse und nach dem nächsten Lied Schluss sei.

Günther und Andreas gingen nach draußen, um die Verfolgung aus günstiger Position Open Air fortzusetzen.

Franz und Mo Schimmer entschieden sich dafür, die nächtliche Stadt durch einen Spaziergang zu erkunden. Natürlich hofften sie auf einige Raststationen und Bekanntschaften. Der *morph club* hatte sich für ihren Geschmack zu schnell geleert und sie hatten von zwei Hauspartys und einer Erstsemesterparty in der Sandstraße gehört. Theresa Baal war von der Erstsemesterpartyidee hellauf begeistert und schloss sich an. Nils Rutsche gab als guter Gastgeber einerseits den Stadtführer und andererseits seinen Schlüssel weiter. Ein eher symbolischer Akt, sowohl Haus- als auch Wohnungstür waren nie abgeschlossen. Andy Krauß und Kim, Björn und Frau Line und Moritz Bienenbang und Resi machten sich auf in Rutsches Wohnung.

Im Observationsauto, einem unauffälligen Volvo besetzt mit Günther und Andreas, machte sich helle Aufregung breit. Sie wussten nicht, dass das Ziel nur wenige hundert Meter entfernt lag und entschieden sich zur Verfolgung mit Kraftfahrzeug. Im Kriechgang fuhren sie der Gruppe im Abstand von 50 Metern hinterher. Günther fluchte schon über ihre mangelnde Deckung, als ein Taxi von hinten mit 60 km/h heranschoss, hupte und sie überholte. Die Gruppe drehte sich kurz um, interessierte sich aber nicht weiter.

»Die ham uns g'sehn. Was mach ma denn etzetla?«, schrie Günther vom Beifahrersitz auf Andreas ein. Dieser fasste die mutmaßlich einzig richtige Entscheidung: Er ging in die Offensive.

Er trat aufs Gas, der Motor heulte gequält auf. Er holte den Vorsprung der Gruppe ein und hielt auf ihrer Höhe an. Günther neben ihm machte sich in seinem Sitz so klein wie möglich. Als Andreas das Fahrerfenster ruckartig herunterkurbelte, hätte man noch der Meinung sein können, sie seien den Slammern und ihren Anhängen reichlich egal, denn sie beachteten das Auto nicht weiter. Das änderte Andreas' Zuruf:

»Dschuldichung, ihr da!«

Keine Reaktion.

»He da, ihr da!«

»Was soll na des? Was machst da?«, flüsterte Günther erregt und krallte seine Finger in den Mund.

»Was'n los?«, fragte Andy Krauß schließlich interessiert nach, als er sich angesprochen fühlte.

Björn erkannte den Fahrer und starrte ihn nur entgeistert an.

»Mir, äh, suchen, den, äh, Bahnhof.«

Ihr habt ein Nummernschild aus der Stadt, dachte Björn. Ihr seid Riesenrinder. Ihr gehört gebrandmarkt, bis es auf der anderen Seite wieder raus kommt.

»Sehen Sie das Gebäude am Ende der Straße?«, fragte Frau Line.

Andreas spielte den Unwissenden und nickte. Er konnte sehr gut unwissend spielen, sah abwechselnd zu Frau Line und der von hier aus sichtbaren Bahnhofsuhr.

»Das ist der Bahnhof«, fügte Frau Line langsam hinzu. Sie machte sich Sorgen, dass sie es mit einem geistig Zurückgebliebenen zu tun hatte.

»Aaaaah«, machte Andreas, nickte, hob die Hand zum Gruß, trat aufs Gas und fuhr davon.

Schimpftiraden prasselten vom Beifahrersitz auf ihn ein, denen er sich zu erwehren versuchte, während er stur auf den Bahnhof zufuhr, um seine »Schdori« aufrechtzuerhalten. Dabei vergaßen beide, in den Rückspiegel zu sehen, und plötzlich war ihr Schutzobjekt samt Begleitung verschwunden.

»Was machen wir jetzt? Spielen wir Flaschendrehen?«, fragte Resi und strahlte Moritz Bienenbang an, als sie in Rutsches Wohnzimmer ankamen. Bienenbang kicherte.

»Dazu brauchen wir erst mal eine leere Flasche«, sagte Andy Krauß und zog die Siegerflasche Rum aus seinem Rucksack. Theresa Baal hatte ihm entweder erlaubt, die Flasche mitzunehmen, oder er hatte sie nicht gefragt. Das wusste er nicht mehr genau.

Die Pärchen nahmen je ein Sofa ein und platzierten sich um den Tisch herum. Auf die Idee, nach Gläsern zu sehen, kam niemand. Die Flasche machte die Runde.

»Wir könnten auch«, sagte Resi und setzte ihren Satz flüsternd in Bienenbangs Ohr fort.

»Resi!«, sagte der scheinbar pikiert und errötete. »Vielleicht später.«

Resis Idee, zu kickern und bei jedem Gegentor ein Kleidungsstück auszuziehen, gefiel ihm zwar, aber dafür wäre sicher noch genug Zeit.

»Wie viel Punkte hast du uns eigentlich gegeben, Resi?«, fragte Krauß.

Sie überlegte.

»Dir und Frau Line 8, Bjarne 7 und der da«, sie deutete mit dem Daumen neben sich, »hat mich schon in der Pause mit einem Bier bestochen«. In anderen Worten: 10 Punkte. »Wurde aber gestrichen.«

Björn fand die Wertung für seine gezeigte Leistung ganz angemessen, wenn nicht sogar zu hoch. Frau Line kümmerte sich nicht um Wertungen, sie drehte neben ihm einen Joint, ließ gerade die Bröckchen in den Tabak rieseln.

Björn bemerkte, wie Kim große Augen bekam. Vorfreude glänzte aus ihnen. Es fehlte nur noch, dass sie die Arme ausstreckte und »Ich will, ich will« quäkte. Er versuchte, sie mit einem Blick zu ermahnen und scheiterte.

Frau Line steckte das Tütchen an, nahm die ersten drei Züge und fragte: »Wer will?«

Alle bis auf Björn hoben kurz die Hand. Frau Line reichte nach links weiter an Moritz Bienenbang. Björn hoffte, dass nichts mehr übrig sein würde, wenn die Tüte bei ihm ankam, er war immerhin der Letzte. Aber die Tüte war groß.

»Wie stark ist das denn? Auf einer Skala von 1 bis 10?«, fragte Resi.

»Ziemlich genau eine 8«, antwortete Frau Line, ohne zu überlegen.

Oje, auch noch eine 8, dachte Björn. Er hatte für lange, lange Zeit keine hierzulande halblegalen oder illegalen Drogen mehr genommen.

An sein erstes Mal konnte er sich noch gut erinnern.

29

»Gehst du mit raus, die Socken wechseln?«, wurde Björn von seinem Kumpel Ingo gefragt. Björn hatte noch nie zuvor die Socken gewechselt, sich aber schon Gedanken darüber gemacht. Vor allem fand er es hirnrissig, gerade diesen Geheimausdruck für »kiffen« zu benutzen.

Was wird eine Gruppe männlicher Jugendlicher wohl nachts draußen vor der Disko tun, wenn sie alle sagen, sie gingen die Socken wechseln? Homosexuelle Aktionen sind grundsätzlich auszuschließen, denn in der Einöde, in der Björn aufwuchs, gab es so etwas nicht. Fast nicht. Einer hatte es mal gewagt, sich zu outen. Er und seine Familie zogen wenige Wochen später aus freien Stücken nach Dänemark. Ihr Haus war zwischenzeitlich wiederholt mit Schweineblut beschriftet worden. Es waren eben andere Zeiten.

Björn schloss sich der Gruppe an, die aus Ingos großem Bruder Ingmar und seinen Kumpels bestand. Björn und Ingo waren 16, durften deshalb laut Gesetz nur bis 24 Uhr in der Disko bleiben. Ingos Bruder Ingmar war 18, trug einen Anzug und versprach, den Türsteher zu schmieren, damit es heute für sie länger ging. Er schien über eine sprudelnde und geheime Geldquelle zu verfügen. Als sie vor dem *Looping* angekommen waren – die Disko hieß so, weil man in Form einer Acht durch sie hindurch laufen konnte – holte er eine großzügig ausgebeulte Plastiktüte aus seinem Kofferraum und die Fünfergruppe verschwand hinter dem Gebäude.

Eine Stunde später saß Björn wieder drinnen, auf einem Barhocker direkt vor einer riesigen Box, und hörte nichts mehr. Er schwitzte wie ein Schwein und sah seine Umgebung durch ein Raster, als ob sein Kopf in ein schwarzes Fliegennetz gewickelt worden wäre. Sämtliche Sinne hatten auf einen Schlag versagt.

Oft hatte er sich danach die Frage gestellt, ob auch die beiden Frozen Daiquiris etwas zu seinem Zustand beigetragen hatten oder ob nur das »Sockenwechseln« schuld gewesen war. Nur ...

Ingos Bruder Ingmar hatte in ihrem Versteck einen Eimer und mehrere Flaschen aus der Tüte befördert, den Eimer mit Wasser aufgefüllt, eine abgeschnittene Flasche hineingesetzt und gekonnt das erste Köpfchen präpariert. Björn sah fasziniert zu, als Ingo als erstes dran war, den dicken Rauch mit einem Zug in sich aufsog, sich nach hinten aufs Gras fallen ließ und den Rauch nach ein paar Sekunden langsam und genussvoll wieder aus sich ausströmen ließ. Die Flasche wippte im Eimer auf und ab. Ingmar machte sich ans nächste Köpfchen. Björn war dran.

Bei den allerersten Versuchen mit halluzinogenen Drogen nicht etwa vorsichtig an einer Haschzigarette zu ziehen, sondern einen ganzen Eimer allein zu rauchen, ist in etwa so, als würde man sich zur Entjungferung fisten lassen. Björn erlebte ziemlich genau das. Brainfist.

Seine unmittelbaren Reaktionen fielen weniger galant aus als Ingos. Der Rauch stach ihn in Hals und Lunge, und nach knapp einer Sekunde begann er schon mit dem geräuschvollen Aushusten. Man kann es auch getrost bellen nennen.

Die Gruppe gab sich amüsiert, Ingos Bruder klopfte ihm väterlich auf die Schulter. Björn hatte noch fünf gute Minuten, bevor sich die Wirkung des THCs in ihm breit machte, zehn Minuten später erreichte er den rettenden Barhocker. Wie lange er nun darauf gesessen hatte, konnte er nicht einschätzen. Was er währenddessen aber herausgefunden hatte, war, dass es mit dem Laufen nicht mehr so gut klappte, daher hatte er das Vorhaben mit dem Klogang auf später verschoben.

Mit dem Reden hatte er auch Schwierigkeiten, das Bier in seiner Hand war ihm von irgendwem gegeben worden, der Bestellvorgang hätte ihn überfordert.

Er war in sich gefangen, sah eigenartige Bilder vor sich herumfliegen, die sich aufbliesen, schrumpften und platzten. Er empfand das alles nicht als angenehm, ganz im Gegenteil.

Sonja aus seiner Klasse tauchte vor ihm auf, machte blubb, blubb, blubb. Er wusste nicht, wo ihr Kraushaar aufhörte und das Diskodunkel anfing, er sah 2D. Sie blubberte einfach und sah ihn dabei an. Sie scheint mit mir reden zu wollen, dachte er.

»WAS?«, schrie er.

Blubb, blubb.

»WAS?«

Blubberdiblubb.

Es führte zu nichts. Er schaute weg von ihr und dachte, so würde sie verschwinden. Blubb, blubb, Blubberdubber.

Sie war noch immer da und etwas wütend geworden. Ob sie ihm nun lediglich sagen wollte, dass er im Moment nicht unbedingt gut aussehe oder ihm in diesem Moment ihre jahrelange Liebe gestehen wollte, erfuhr er nie. Er blieb sitzen, sagte nichts, rührte sich nicht und schmiedete den Plan, in nächster Zeit aus seiner Bierflasche zu trinken. Sein Mund war sehr trocken.

Nach einer Weile fand er heraus, wie er sich aus seinem Zustand retten konnte. Immer wenn er direkt in einen

Scheinwerfer sah, wurde er für ein paar Sekunden klar im Kopf, verstand Redefetzen um sich herum, glaubte, sich koordinieren zu können. Aber es dauerte nicht lang, bis dann wieder eine Qualle in wunderlichen Farben vor ihm auftauchte und herumschwomm.

Um 4 Uhr schloss das *Looping*, kurz vorher wurde mit »Wer hat an der Uhr gedreht« der große Rausschmiss eingeleitet – und die große Beleuchtung hochgefahren. Das war Björns Rettung. Zwischenzeitlich hatte er sich schon damit abgefunden, nie mehr in die bekannte Realität zurückzukehren und für die Ewigkeit darauf zu warten, welche Bilder ihm sein fehlgelenkter Verstand als nächstes vorführte. Das Licht holte ihn zurück.

Er war nicht wenig verwundert darüber, dass er einigermaßen stabil und geradlinig laufen konnte, ein gutes Zeichen der Regeneration. Er brachte es noch fertig, sich auf die Toilette zu bewegen und sich drei Minuten unter den Wasserhahn zu hängen, dann verabschiedete er sich flink wie ein angeschossenes Reh in die milde Nacht.

NIE MEHR SOCKEN WECHSELN schrieb er, zuhause angelangt, in einem Anflug von Dramatik ungelenk mit Edding auf ein Blatt Papier und pappte es an die Innenseite seiner Zimmertür. Anschließend schlief er traumlos für 11 Stunden.

Seine Mutter war, als sie einige Stunden später die Notiz erblickte, schockiert über die Hygienepläne ihres Sohnes, nahm sich aber vor, das Thema nicht anzusprechen, bis die Resultate unerträglich würden.

30

Björn sah auf seine Füße, als er an der Tüte zog. Das Rauchen hatte er mittlerweile gelernt, dann konnte das nicht viel schwieriger sein. Es schmeckte gut. Aber es roch noch besser, als es schmeckte. Er nahm noch einen Zug und reichte die Tüte an Frau Line weiter. Als die zweite Runde halb durch und er schon angenehm ruhig geworden war, klingelte sein Telefon.

»Oh nein!«, sagte Kim. »Ruft sie dich jetzt auch schon nachts an?«

Frau Line setzte einen fragenden Blick auf.

Unbekannter Teilnehmer, las Björn.

»Seine Freundin«, erklärte Kim frei heraus.

»Setze ein Ex- davor«, sagte Björn überdeutlich und ging gemächlich aus dem Zimmer. Er bekam noch mit, wie Kim dazu ansetzte, Frau Line etwas mehr über Regine zu erzählen. Thema Frauenfußball. Frau Line lachte. Er nahm das Gespräch in der Küche an, nachdem er die Tür geschlossen hatte.

»Bitte?«

»Kollege Hahne!«, begrüßte Peter Himmel ihn erschöpft. »Ich wurde geweckt.«

Björn zeigte sich nicht sonderlich überrascht, er war eher desinteressiert.

»Wegen mir?«

»Ja. Quasi.« Himmel gähnte zwischendurch ausgiebig. »Die beiden Columbos, die auf das Mädchen bei Ihnen aufpassen sollen, haben sie verloren. Und anscheinend bin ich der einzige Mensch auf der Welt in Besitz Ihrer Handynummer.«

Björn bemerkte einen Gongschlag in seinem Kopf. Seine Sicht wurde einen Tick unschärfer. Das Gras war angekommen.

»Und?«

»Und! Also bitte! Haben Sie getrunken?«

»Ich passe mich der Situation an, ich bin ein Maulwurf.«

Björn stellte sich eindrücklich vor, wie er als Maulwurf aus seinem Hügel herausschaut und gleich wieder zurück ins Erdreich verschwindet. Er musste unwillkürlich lachen.

»Kollege Hahne!«, schrie Himmel jetzt fast. »Reißen Sie sich zusammen! Sagen Sie mir, wo das Mädchen ist!«

»Die ist hier bei uns, über dem Kino.«

»Aha. Über dem Kino also ... Meine Frau ist grade aufgewacht, weil ich so laut war. Daran sind Sie schuld! Geben Sie mir die Adresse!«

Björn gab sie ihm.

»Das läuft ja alles sehr rund bei Ihnen!«, bellte Himmel zum Abschied.

Als Björn zurück ins Wohnzimmer kam, waren Resi und Bienenbang nicht mehr da.

»Die sind glaube ich in ein anderes Zimmer«, erklärte Frau Line, als er fragend auf das leere Sofa deutete.

Das andere Zimmer befand sich einen Kilometer entfernt. Resi hatte plötzlich im Regen spazieren gehen wollen. Und Bienenbang wollte Resi. Sie gingen nach draußen, als Björn sich in die Küche zurückgezogen hatte. Den anderen sagten sie nichts von ihrem Vorhaben. Sie wollten allein sein.

Gerade als sie um die Straßenecke bogen, fuhren Günther und Andreas in ihrem Observationsfahrzeug wieder vor

Rutsches Wohnung. Zwischenzeitlich hatte sich Andreas eine Kopfnuss eingefangen.

Resi wohnte in einer WG über einem Schuhgeschäft im Zentrum, ehemalige Praxisräume. Das Wartezimmer hatte sie zum gemütlichen Wohnzimmer umdekoriert, indem sie die schmerzhaft hellen Röhrenlampen an der Decke mit gelben Tüchern abgehängt hatte. Ein Esstisch, ein gekachelter Wohnzimmertisch und zwei nicht zusammenpassende kleine Sofas rundeten den heimeligen Eindruck ab.

Resi verschwand in der Küche. Bienenbang nahm auf dem Blümchensofa Platz, setzte ein breites Grinsen auf und rieb sich vorfreudig die Hände. Woher plötzlich die Musik kam, hatte er nicht bemerkt. Er tippte auf *Kuschel-Rock 7*, George Michael sang *Tonight*.

Resi tauchte mit einer Flasche Rotwein und zwei Senfgläsern wieder auf.

»Resi, du bist so gut zu mir«, schleimte Bienenbang, als sie einschenkte.

Sie setzte sich dicht neben ihn. Sie stießen an, sahen sich wissend in die Augen und – rauchten zunächst eine gemeinsame Zigarette. Studentenromantik.

»Bin gleich wieder da«, sagte Resi, als sie die Zigarette ausdrehte. Sie ging ins Badezimmer, das sich direkt neben der Eingangstür befand. Bienenbang lächelte ihr hinterher.

Als sie die Tür geschlossen hatte, verschwand sein Lächeln. Es war an der Zeit. Er hatte fast zu lange gewartet. Wenn es an diesem Abend noch zu Entwicklungen in seinem Sinne kommen sollte, musste er jetzt handeln.

Er hörte den Wasserhahn im Badezimmer fließen, konnte den Strahl, unterbrochen von Resis Händen, vor seinem inneren Auge sehen. Vielleicht spritzt sie sich zum Abschluss noch ein paar Tropfen ins Gesicht?

Bienenbang tat, was er tun musste, wofür er hier war, es gab nur diese eine Chance.

Björn war hinüber. Nur zwei Züge an der Tüte hatten ihn völlig außer Gefecht gesetzt. Übung macht den Meister. Doch er hatte seit einem Jahrzehnt nicht mehr trainiert. Er lag mit seinem Kopf in Frau Lines Schoß, hörte dem Gespräch zu, das in weiter Ferne um ihn herum stattfand und ihm viel zu schnell vorkam. Frau Line kraulte seine Brusthaare. Oder er stellte sich vor, sie würde. Fifty-fifty. Er schloss die Augen.

Er sah sich als Maulwurf aus dem Hügel schauen, drum herum nur ausgedorrte Steppe und flirrender Hitzehimmel. Eine Windhexe wehte vorüber. Er sah nach links und rechts, bewegte sich aber nicht von seiner Position. Sind Maulwürfe nicht blind?

Es ploppte. Ein Mikrofon hatte den trockenen Boden durchschossen. Da stand es nun, neben ihm. Er beobachtete den Maulwurf nun nicht mehr, er war der Maulwurf. Er sah das Mikrofon an, das von ihm abgewendet dastand. Ein Schatten näherte sich aus sehr großer Ferne. Es ploppte wieder, hinter ihm. Er wendete den Kopf um 180 Grad. Ein Kaktus war gewachsen. Ein grüner Kaktus. Klar, Kakteen sind grün. Der Kaktus wechselte die Farbe, schaltete auf gelb, rot, dann wurde er blau. Er begann zu rotieren und Sirenengeräusche von sich zu geben. Interessant, dachte der Maulwurf, ich sehe einen blauen Kaktus. Obwohl ich blind bin. Ich bin ein guter Maulwurf.

Bienenbang tat, was er tun musste, wofür er hier war, es gab nur diese eine Chance.

Er streifte sich sein T-Shirt ab und öffnete seine Hose. Wenn Resi wieder aus dem Badezimmer käme, sollte sie ihn in lockerer Bodybuilder-Pose vor sich stehen sehen. Der »naked man« zieht immer, das hatte er aus dem Fernsehen gelernt. Er würde sie bekommen. Sie wird ihn sehen, losprusten und in weniger als einer Minute wäre auch sie nackt. Vielleicht hatte sie die gleiche Idee und hat sich im Badezimmer auch schon ausgezogen? Das wäre der Hammer! Resi ist so eine, bei der er sich das gut vorstellen könnte.

Er stemmte die Fäuste in die Hüften, nahm eine breitere Beinstellung ein, setzte sein nach links verzogenes Verführerlächeln auf und wartete. Der Wasserhahn war still geworden.

Als er an sich hinuntersah, um noch einmal abschließend zu kontrollieren, ob sein Penis schmackhaft drapiert war, hörte er hinter sich ein Knarzen wie von Gummisohlen.

Er drehte sich um und sah in ein bekanntes Gesicht. Dann sah er nichts mehr.

31

Der Morgen graute, als Franz über die Kettenbrücke nach Hause ging. Er sah auf sein Telefon, um die Zeit abzulesen. Der Akku war leer. In der Bamberger Innenstadt hatte er kein Red Bull mehr auftreiben können. Darum würde er sich später bemühen, nahm er sich fest vor. Zunächst wollte er nach den durchstandenen Anstrengungen ohnehin erst mal ins Bett – oder auf eine Couch oder ähnliches. Man weiß ja nie, wo man landet.

Er bog in die Königsstraße ein, wo ein einzelner Lieferwagen rechts am Straßenrand parkte, aus dem der abstoßend munter wirkende Lieferant Obstkisten in ein Geschäft trug. Franz machte an einem Zigarettenautomat halt und bemerkte, dass er sein Portemonnaie nicht bei sich trug. Er sah kurz verloren um sich, nahm sich dann fest vor, sich später darum zu kümmern. Als er weiter schlurfte, nickte ihm ein Fahrradfahrer freundlich zu. Vom nicht weit entfernten Fluss hörte er ein lautes Platschen. Er bog ab Richtung Rutsches WG.

32

Björn erwachte unter Schmerzen – und unter Frau Line. Das war's dann wohl endgültig mit Regine, dachte er als Erstes.

Er schob sie sanft von sich herunter Richtung Lehne, die Couch war groß genug, um beide nebeneinander fassen zu können. Auf dem Nachbarsofa sah er Kim an Andy Krauß gekuschelt daliegen, die beiden hatten sogar eine Decke.

Erst jetzt stellte Björn fest, dass er zwar noch eine Unterhose trug, allerdings auf Kniehöhe. Er zog sie beschämt nach oben und suchte den Boden um sich herum ab. Er wurde fündig. Ein abgerolltes Kondom, mutmaßlich benutzt also, mutmaßlich von ihm selbst. Er sah genauer hin. Kein Inhalt. Wie blamabel. Aua. Er tastete seinen Kopf nach irgendwelchen Wunden ab und sah schließlich ein, dass der Druck und das Pochen nur von innen kamen. Einer Eingebung folgend drehte er sich noch einmal nach Frau Line um. Sie war angezogen. Sehr verwirrend. Sie trug die Jogginghose, die er gestern noch an Andy Krauß gesehen hatte. Kein Zweifel. Seine Initialen waren auf Oberschenkelhöhe aufgestickt. Extrem verwirrend.

Björn legte auf dem Sofarand sitzend seinen Kopf in die Hände und massierte sich die Schläfen. Wie spät es wohl ist? Aus Richtung Küche hörte er Löffelklimpern in einer Tasse. Da rührt jemand seinen Kaffee um, kombinierte er. Es gibt also Kaffee.

Er stand auf, ging Richtung Flur, registrierte sein T-Shirt und ein Frauenhöschen, die beide an den Griffen des Tischkickers hingen, gelangte auf dem Flur an und folgte dem Geklimper weiter in die Küche.

Er fand den jungen Mann vor, in dessen Zimmer er tags zuvor telefoniert hatte. Er saß mit einem blauen Morgenmantel bekleidet auf einem grünen Lehnsessel, hielt ein Buch in der Linken und rührte mit der Rechten in seiner Tasse, die auf einem Mahagoni-Beistelltischchen stand.

»Gibt es Kaffee?«, fragte Björn. Er hatte seine eigene Stimme anders in Erinnerung gehabt.

Der Typ hob sofort den Kopf und sah Björn feindselig an.

»Nein«, fauchte er.

Björn wusste nicht, wie er reagieren sollte.

»Tee! Es gibt Tee! Hast du Unordnung in meine Teesammlung gebracht?«

Björn war weiterhin ratlos. Er schüttelte den Kopf.

Der Typ brummte bedrohlich, schob dann sein Buch zwischen sein Gesicht und Björn. Das Gespräch schien beendet. Er las »Pakt der Leidenschaft« von Cherry Adair. Björn ging nach nebenan, unter die Dusche.

Seine Boxershort landete in der Pfütze, die den Großteil des Bodens ausmachte. Er stieg in die Kabine und stellte das Wasser an. Kalt! Er drehte den Hahn zu, nahm den Duschkopf ab und versuchte, am Hebel die Wärme zu regulieren, oder überhaupt aufkommen zu lassen. Sein Kopf pochte noch stärker als zuvor. Er bemerkte das Duschradio in der Ecke und stellte es an. Michael Jacksons *Earth Song*. *Uhuhuuuuhuuhuuuuu. Uahaaahahaaaaa. What about* ...

Eine Qual.

Björn war regelrecht erleichtert, als Werbespots gespielt wurden, nun erwärmte sich auch das Wasser. Es wird alles wieder gut. Selbst der Bayernpatriotismus in jedem zwei-

ten Spot war ihm ziemlich egal. Dann ist die Welt hier eben noch in Ordnung und jeder hat eine glückliche, jodelnde Kuh, dachte er, gut so.
Piep, Piep, Piep, Piiiiiep.
Die Nachrichten.
Es ist 10 Uhr.
Ach?!
Die Top-Meldungen aus Bayern und der Welt: Bundeskanzlerin Merkel ...
Dass die es mal in die Nachrichten schafft, Respekt.
... Parlament entscheidet heute darüber, wann die Gesetzesänderung in Kraft tritt.
Laaangweilig!
Bamberg. Vor wenigen Minuten wurde eine Leiche aus der Regnitz geborgen. Nähere Informationen liegen uns noch nicht vor. Die Polizei nimmt Hinweise aus der Bevölkerung entgegen.
Björn drehte das Wasser ab.

33

Franziska kam nach Hause. Sie freute sich auf ihre WG, die sie seit zehn Tagen nicht betreten hatte. Der Kurzurlaub mit ihrem Freund in Prag war nicht sonderlich gut verlaufen. Genauer gesagt: Sie sind nicht zusammen zurückgereist. Vielleicht war sie schon wieder Single, das wusste sie nicht genau.

Ihre Interessen gingen doch stark auseinander, hatte sie im Lauf der ersten komplett gemeinsam verlebten Tage festgestellt.

Wollte sie eine Schiffsfahrt über die Moldau machen, wollte er lieber mit ihr schlafen, wollte sie das jüdische Viertel besichtigen, wollte er lieber mit ihr schlafen, wollte sie gut böhmisch essen gehen, wollte er zu Pizza Hut und dann mit ihr schlafen.

Als sie auf den Wenzelsplatz gehen wollte, um die alte Straßenbahn anzusehen, hatte er auf dem Bett sitzend seinen Penis herausgezupft und gesagt »Kuck! Das ist mein Wenzel. Willst du ihm die Hand geben?«.

Wenn er es nur nicht so verdammt gut könnte, hatte sie auf der einsamen Heimfahrt immer wieder gedacht. Aber andererseits, er wirft ohnehin einen schlechten Schatten auf sie, immerhin ist er nur Landschaftsgärtner, und sie studiert Lehramt Realschule. Vielleicht könnte sie ihn nur fürs Bett behalten?

Diese Vorstellung war für sie so revolutionär wie abwegig.

Sie würde es ihm in ein paar Tagen vorschlagen, vielleicht, eher nicht. Eventuell ein Mal. Zuerst brauchte sie Resis Rat.

Resi macht so etwas öfter. So etwas, also durch die Gegend schlampieren ohne sich dabei schlecht zu fühlen. Hoffentlich ist sie zu Hause und für einen Tröst-Tee zu haben.

Ja, Franziska freute sich auf ihre WG, auf Resi, sogar auf das Waschmaschinenschleudern, das sie immer in den Schlaf wiegte, wenn Resi zuverlässig um 23 Uhr die Maschine anschmiss.
 Das Letzte, das sie sehen wollte, war ein Mann.
 Das Allerletzte, das sie sehen wollte, war ein nackter Mann.
 Und Blut konnte sie ohnehin nicht sehen.
 Als sie die Tür öffnete, war das Erste, das sie sah, Moritz Bienenbangs Penis. Relativ schnell weitete sich ihr Blick auf seinen restlichen unbekleideten Körper und blieb am Kopf haften, der in einem kleinen See aus Blut auf dem Boden lag. Zuerst tat sich nichts. Dann legte sich ein Schalter um.
 Franziska schrie. Quiekte. Gilfte. Hörte nicht auf. Blieb dabei auf der Stelle stehen, mit den Händen an den Backen.

Frau Schmitz-Klunkel von oben und Frau Brettbach von unten trafen zeitgleich und aufgeschreckt bei ihr ein. Sie verschafften sich rasch einen Überblick – und stimmten in das Geschrei mit ein. Drei Damen mit Thrill.
 Schon bald, als ihre Stimmen zur Neige gingen, kamen sie auf die Idee, einen Rettungswagen zu rufen.

34

»Nein«, hauchte Andy Krauß, nahm mit zittrigen Fingern einen Zug an der Zigarette und, wieder, »nein«. Eine Leiche im Fluss. *Juhu, wir gehen schwimmen.* Er war wieder schuld.

Kim saß neben ihm und streifte mit ihrer Hand beruhigend über seinen Oberschenkel. Krauß sah durch Björn und die Wand hindurch ins Nichts, sein linkes Augenlid zuckte zweimal. In der anderen Zimmerecke hatte Rutsches Mitbewohner das Buch gewechselt und las *Sehnsucht nach Neuseeland* von Emilie Richards.

»Nein – dieses perverse Schwein!«, stieß Krauß halblaut aus.

Er kassierte einen tadelnden Blick aus dem Lesesessel.

»HALT DU DOCH DIE FRESSE DA DRÜBEN!«, schrie Krauß und deutete drohend mit dem Finger.

Der Lesewurm klappte sein Buch zu, drückte es sich an die Brust, erhob sich und ging wortlos nach draußen.

Nicht dass Kim und Björn nicht mittlerweile gelernt hätten, dass Krauß' Verhalten zuverlässig unvorhersehbar war, aber was er nun tat, versetzte sie doch sehr in Schrecken.

Er kauerte sich auf seinem Stuhl zusammen, sein Kreuz hob und senkte sich schnell. Er schnaufte hörbar Luft durch die Nase aus. Er schnellte nach oben, rannte zur Arbeitsplatte neben der Spüle und wischte das über Tage angesammelte Geschirr mit einem Armstreich auf dem Boden. Nun war das Haus wach.

Björn und Kim sahen gebannt zu, ohne zu einer Reaktion fähig zu sein.

Krauß steckte seinen Kopf unter den Wasserhahn und ließ seine Mähne mit kaltem Wasser überfließen. Dann warf er den Kopf wild nach oben und unten, rechts und links, schüttelte sich wie ein wilder Wolf trocken und – hielt inne. Er fixierte den Hängeschrank vor sich – und ließ seinen Kopf ungebremst dagegen knallen. Noch einmal. Noch einmal. Bis er den typischen Schmerz spürte, der auftritt, wenn freiliegende untere Hautpartien hart auf Holz treffen. Er spürte sich.

Björn erwachte aus seiner Starre, machte drei große Schritte auf Krauß zu, riss ihn zurück, griff nach seinen rechten Arm und drehte ihn ihm auf den Rücken. Polizeigriff, Grundausbildung.
Krauß schrie und zappelte, konnte sich aber nicht befreien. Björn warf sich mit ihm zu Boden und umklammerte ihn, bis das Schreien einem Wimmern wich. Hat was von der Embryonalstellung, was wir hier machen, dachte Björn.
Als er aufsah, bemerkte er, dass sich die Zahl der Zuschauer vervielfacht hatte.

Später hörten sie zusammen Radio. Nach neusten Informationen war die Leiche weiblich und Anfang zwanzig.
Während Kim Krauß' Kopf verband, verband alle die Hoffnung, es könnte doch irgendeine andere sein, ein Drogenopfer, eine Ehebrecherin, eine arbeitslose Pädagogin, alles wäre besser als ein Gesicht mit der Leiche verbinden zu können – sie gekannt zu haben, eine Mitschuld zu tragen. Um sich Gewissheit zu verschaffen, gingen sie nach draußen, Rutsche kannte Resis Wohnung. Bienenbang vermissten sie immerhin auch, und sie erwarteten, beide bald

wohlbehalten wiederzusehen, etwas verschlafen vielleicht, leicht bekleidet womöglich, jedenfalls lebend.

»Stirnbänder haben mir schon immer gestanden«, sagte Andy Krauß, als sie die Luitpoldbrücke überquerten. »Ich habe sowieso ein Hutgesicht. Aber ohne Hut sehe ich auch gut aus.«

Seine Laune hatte sich wieder normalisiert. Er hatte sich der Illusion angeschlossen, dass es tausend andere Möglichkeiten gebe, wer da aus dem Fluss gefischt worden war.

»Ja, du siehst immer gut aus«, pflichtete ihm Kim bei.

Krauß nickte stolz.

Wo hat Franz schon wieder eine Dose Red Bull auftreiben können, fragte sich Frau Line und fragte Björn nach einer Zigarette. Er fummelte die Schachtel heraus und gab sie ihr.

Ein verlotterter Typ in langem Mantel kam ihnen entgegen. Er schob ein Damenfahrrad, dessen Gepäckträger mit einer Tonne Pfandflaschen beladen war. Mit geübtem Blick scannte er die Gruppe, vor allem die Handregion, und wurde auf Franz' Dose aufmerksam. Als er eine Etage höher die Gesichter überflog, blieb er auf der Stelle stehen.

»Nein! Was machst du denn hier?«

Keiner beachtete ihn.

»Björn!«

Ein unangenehmes Kribbeln überzog Björns Rücken ...

»Björn Hahne!«

... und breitete sich bis auf seine Zehen und sein Gesicht aus.

Frau Line zog die Augenbrauen zusammen und fixierte Björn, als sie sich die Zigarette ansteckte. Die Fragezeichen-

Falte bildete sich zwischen ihren Augen. Das war der Gipfel der Reaktionen. Der empörte Aufschrei, den Björn erwartete, blieb aus. Sein wahrer Name verriet schließlich nichts über seinen wahren Beruf. Aber wer war der Typ? Er kannte ihn nicht. Alle waren stehen geblieben, eher missmutig. Schon das Mindestmaß an Popularität, das man durch Auftritte bei Poetry Slams erlangt, sorgt gelegentlich dafür, auch tagsüber von Fremden angesprochen zu werden. Nichts Außergewöhnliches also, und ob Björn nun eigentlich Bjarne hieß oder nicht, wen kümmert das? Namen sind ja auch nur Namen, Krauß oder Strauß, Bienenbang oder Kienemann, Mo Schimmer oder Bo Wimmer, Hanz oder ...

Franz leerte seine Dose und steckte sie in den Stapel auf dem Gepäckträger. Der Unbekannte faltete die Hände und nickte dankend.

»Wer sind Sie denn?«, fragte Björn, der keine Lust hatte, sich aus der Sache rauszureden.

»Na ich bin's!«

Das ist wohl eine klassische Nullantwort, dachte Mo Schimmer und nahm sich vor, den Dialogfetzen in einem Text zu verwenden. »Nullantwort«, sagte er amüsiert zu sich und drehte sich zum Wasser hin. Ein Lastschiff schob sich unter der Brücke hindurch.

Der Pfandsammler breitete die Arme aus und forderte Björn mit einem erwartungsvollen Blick heraus. Björns Hirn ratterte eine Gesichterkartei durch.

»Na?«, spornte der Andere an.

Unter »abgelegte Freunde« und dem Buchstaben B wurde Björn fündig. Einem kleinen inneren Triumph konnte er nicht widerstehen, als er seinen Tipp abgab:

»Benni?«

»Na also«, sagte Benjamin Braumann.

Und nun? Sollen wir unsere Lebensgeschichten austauschen? Alles nach dem dramatischen Vogeltod bis heute? Björn hatte keine große Lust darauf, aber Benjamin Braumann hatte bereits sein Fahrrad abgestellt und drehte sich eine Zigarette.

»Geht doch schon mal vor«, sagte Björn in die Runde.

Kim schien als Einzige etwas verunsichert, Björn kannte den Grund. Er hatte seine Deckung aufgegeben, ihre womöglich mit dazu.

Rutsche erklärte ihm kurz den einfachen Weg, »da vorne rechts abbiegen«, und sie gingen davon.

Björn steckte sich eine seiner Filterzigaretten an, mittlerweile wie ein Profi, lehnte sich ans Brückengeländer und fragte:

»Bei dir läuft es nicht so rund, was?«

»Das ist nur ein Zusatzverdienst«, sagte Benjamin Braumann und präsentierte eine Zahnlücke, die Björn neu war.

»Hauptberuflich kratze ich Tiere von der Autobahn.«

Björn gluckste los, vielleicht etwas überstürzt. Es war vielleicht doch kein Witz.

»Das ist kein Witz«, sagte Braumann.

Björn räusperte sich.

»Die Tendenzen dazu hattest du schon früher«, sagte er.

Braumann rollte verschämt die Augen und nickte.

Wahrscheinlich nimmt er ein paar davon mit nach Hause und stopft sie aus, dachte Björn. Norman Bates auf Flaschenpfand.

»Wie geht es deiner Mutter?«, fragte er aus seinen Gedanken heraus.

Womöglich sitzt sie ausgestopft in seinem Keller.

»Gute Frage. Ich sollte sie mal anrufen.«

Das ließ alle Optionen offen. Björn nahm sich augenblicklich das Gleiche vor. Seine Mutter wusste wahrscheinlich noch nicht einmal von der Trennung von Regine.

»Soll ich dir, ähm, ...«, Björn war die Frage in dem Augenblick, als er sie begonnen hatte, zutiefst peinlich. Er sah aber keine Möglichkeit, sie unvollendet zu lassen. Braumann kam ihm mit der unerwarteten Antwort zuvor.

»Ja, zehn Euro wären cool.«

Björn gab ihm zwanzig und fühlte sich alles andere als wohl dabei. Er warf lieber Geld in Hüte von Straßenmusikanten oder Beinlosen, die er nicht kannte.

»Und was machst du mittlerweile?«, fragte Braumann.

»Ich muss jetzt wirklich weiter.«

Es war ihm ein nicht zu bändigender innerer Drang, das Gespräch abzubrechen.

»Na gut, wir bleiben in Kontakt!«, sagte Braumann und klappte den Ständer seines Fahrrads hoch.

»Mach's gut!«

Zwei Dinge blieben bei Björn hängen, als er weiterlief. Sie hatten keine Kontaktdaten ausgetauscht und Benni hatte sich nicht für das Geld bedankt. Außerdem hatte er ihn nicht gefragt, wieso er ausgerechnet in Bamberg »arbeitet«. Er war aber auch wirklich nicht in Verhörstimmung gewesen.

Als er um die Ecke in die Lange Straße einbog, sah er einen Rettungswagen an der Bushaltestelle stehen. Das Blaulicht rotierte noch, keine Sirene. Er näherte sich, bahnte sich seinen Weg durch die Schaulustigen in die erste Reihe, wo Mo Schimmer Theresa Baals Kopf gegen seine Brust drückte. Sie weinten in sich und die Klamotten des Anderen hinein. Auch Andy Krauß und Kim klammerten sich aneinander, Franz und Nils Rutsche standen mit leerem Blick daneben. Frau Line kam augenblicklich auf ihn zugestürmt, als sie ihn erblickte.

»Das ist alles nicht gut«, sagte sie und schlang sich um seinen Hals. Björn spürte ihren polternden Herzschlag noch auf ihrem Rücken, als er sie tröstend umschloss.
»Was ist denn los?« fragte er.

Die Antwort bekam er von den Rettungssanitätern vorgeführt. Sie trugen Moritz Bienenbang auf einer Bahre an ihm vorbei und schoben ihn in den Rettungswagen. Auf seinem Gesicht hing verkrustetes Blut, sein Hinterkopf war, soweit Björn es sehen konnte, nicht mehr ganz ausgewölbt.
Die Sirene heulte auf.

35

»Haben Sie noch ein Tässchen Gemüsebrühe für mich, Schwester Stefanie?«

Mo Schimmer hatte sich an Bienenbangs Krankenbett häuslich eingerichtet. Weil ihm das Licht zu grell erschienen war, hatte er eine alte Nachttischlampe mit dunkelrotem Schirm gekauft, die schummriges Licht abgab. Außerdem hatte er sich einen bequemen Campingstuhl besorgt, mit Beinstützen. Das Krankenhausessen bezahlte er, jede Stunde ging er eine Zigarette rauchen, dazwischen las er Bienenbang vor. *Moby Dick* und *Narziß und Goldmund* hatten sie bereits durch, gerade war *The Catcher in the Rye* an der Reihe, gelesen im Original und mit besonderer schauspielerischer Hingabe, besonders bei den Textstellen, an denen geflucht wird, also fast allen.

»Sie sollen doch nicht immer *Schwester Stefanie* sagen, Herr Schimmer!«

»Stimmt. Das ist nicht mehr zeitgemäß, nicht? Man sagt nicht mehr Schwester. Aber ich finde, das hat so eine gewisse Schwarzwaldklinik-Romantik, meinen Sie nicht?«

»Möglich, ja. Aber hauptsächlich stört mich daran, dass ich Conny heiße.«

»Oh, Verzeihung, Sie haben Recht. Stefanie hat heute Nachtschicht, nicht?«

»Sie kennen sich schon gut aus bei uns.«

»Ich wohne ja auch schon fünf Tage hier.«

Das Gespräch wurde von Bienenbangs Herzschlag begleitet, den der Monitor piepsend wiedergab. Er war noch nicht wieder aus dem Koma erwacht.

36

»Aufwachen, Süßer!«, säuselte eine Frauenstimme, und eine Hand strich zart über Björns Hinterkopf. Er öffnete erschrocken die Augen und sah nichts. Sein Gesicht lag tief in einem der extra flauschigen Kissen, für die das *Hotel Ludmilla* berühmt war – sagte zumindest Ludmilla.

Oh nein, dachte er. Ich werde mich nicht umdrehen. Sehe ich dich nicht, siehst du mich nicht, wie damals beim Versteckspielen, als sich Stefan immer hinter dem Grashalm versteckt hat. Das ist nur logisch! Bitte sei nicht mehr da, wenn ich mich von diesem voluminösen Kissen befreit habe.

»Es gibt Frühstück, Großer!«

Sie begann, mit ihrem Finger eine 8 auf seinem Nacken zu malen. Oder ein Unendlich, je nach Sichtweise. Was Björn jedoch ziemlich sicher von ihr wusste, war, dass sie eher der Typ für das schnell Endende ist. Also eine 8.

Sie hatten sich getroffen, als sie beide abends ihr Zimmer verlassen und abrupt stehengeblieben waren. Die Gedankengänge waren in etwa die gleichen: In dieser Residenz des schlechten Geschmacks, dem Vorhof zur Hölle, dem *Hotel Ludmilla*, wo die Gesichtsfarbe der meisten Gäste mit den gilben Vorhängen in den Zimmern korrespondierte, hätten sie nichts, rein gar nichts nur entfernt Ansehnliches erwartet. Und nun standen sie sich gegenüber und waren vom Gegenteil erschlagen.

Sie hieß Kathi, trug schwarze Haare und Lipgloss, war 29 und auf Geschäftsreise in der Stadt, irgendwas mit Mode.

Er hieß Björn, war 27 und schlief neuerdings gerne mit flüchtigen Bekanntschaften. Es war ihm das Liebste, wenn sie am nächsten Morgen nicht mehr da waren.

Kathi war ein einfacher Fang. Björn auch. Sie waren in eine Bar gegangen, hatten Gin Tonic und Cocktails getrunken. Sie fand alles total interessant, was er sich spontan über sein Leben ausdachte, stellte aber nie Nachfragen. Stattdessen erzählte sie von ihrem armseligen Pendelleben, was sie sich sicher nicht ausdachte. Dennoch lachten sie viel miteinander und waren drei Stunden später zurück im Hotel. Keiner von ihnen hatte Zweifel daran, dass der Abend mit Dampfhammersex enden würde. Er tat es.

»Was machst du denn in meinem Zimmer?«, fragte er mit belegter Stimme, als er sich notgedrungen nach ihr umdrehte.

»Sehr witzig. Das ist mein Zimmer.«

Björn setzte sich auf und sah verschlafen um sich. Er bemerkte keinen Unterschied.

»Ich muss in einer Stunde auschecken. Kommst du mit zum Frühstück?«

»Ist es schon neun?«, fragte er verwundert.

»Fast. Ich habe Late Check Out. Es ist zehn.«

»Scheiße, ich muss vor einer halben Stunde auf der Arbeit sein«, sagte er, schob die Bettdecke von sich und sammelte seine Klamotten zusammen.

»Hast du keine flexiblen Arbeitszeiten in deiner Werbeagentur?«, fragte Kathi ernsthaft besorgt.

Frauen sind so dumm, dachte er und gab ihr einen Abschiedskuss.

»Tschüss, Timo«, rief sie, als er sich auf den Heimweg über den Flur machte.

37

»So langsam wird mir klar, warum das in Bamberg alles so schief gelaufen ist«, rumpelte Peter Himmel, als Björn endlich auf dem Revier auftauchte.

»Mir scheint, Ihre Disziplin leidet ein wenig unter Ihrer Nebenbeschäftigung, Kollege Hahne.« *Nebenbeschäftigung* setzte er dabei durch Finger und Stimme in Anführungszeichen.

»Nehmen Sie sich mal ein Beispiel an Kollegin Kim, die hatte den Kaffee schon aufgebrüht, als Peter und ich aufgekreuzt sind.«

Kollegin Kim, dachte Björn, ein großes Vorbild für die Gesellschaft, wie die schwäbische Hausfrau.

»Entschuldigung, ich hatte da ein Problem mit meinem Handy. Der Akku war über Nacht ausgegangen und dann geht der Wecker nicht an.«

Es war so einfach, vom Täter zum Opfer zu werden. Himmel schoss sich wie erwartet freudig auf das neue Ziel ein:

»Da sehen Sie mal wieder, wie das ist, wenn man sich auf die moderne Technik verlässt. Da sind Sie verlassen! Ha. Mein Wecker schrillt seit dreißig Jahren jeden Morgen um Punkt …«

Himmel würde auch sehr gut zu Regine passen, dachte Björn, vielleicht sollte ich da mal was arrangieren. Jeden Tag nach dem pünktlichen Aufstehen würden sie sich verliebt ansehen und sich unisono sagen: »Du bist so verlässlich.« Dann würden sie immer zusammen ins Badezimmer gehen, er mit der Zeitung aufs Klo und sie singend unter die Dusche, für exakt neun Minuten, dann haben auch die Frühstückseier die gewünschte, verlässliche Härte erreicht.

»... sehen wir uns um 11 Uhr 30 im Kämmerlein.«

Björn war gerade rechtzeitig wieder eingestiegen, um aus dem Gespräch aussteigen zu können. Er stand auf, klopfte in Altherrenmanier auf den Tisch und ging zwei Räume weiter in sein Büro.

Die gute Kollegin Kim saß am Doppelschreibtisch, hatte Kopfhörer in den Ohren, ihre Maus in der Hand und sah gefesselt auf ihren Bildschirm.

Die Musik, mit der sie sich beschallte, hatte die richtige Lautstärke, um in der U-Bahn Rentner in Zorn zu versetzen. Björn klassifizierte sie als melancholisch und identifizierte sie schließlich als ihm bekannt, »Beautiful Freak« von den *Eels*.

Er blieb ein paar Sekunden stehen und entschied dann, die Idylle, die Kim für sich geschaffen hatte, nicht weiter zu stören. Er schenkte sich in der Küche einen Kaffee ein und ging mit der Tasse hinaus ins Treppenhaus, um eine Zigarette zu rauchen. Der Tag war sonnig und T-Shirt-tauglich, dazu hatte es sich entweder in den letzten Minuten gewandelt oder er hatte vorher einfach nicht aufs Wetter geachtet. Das Wetter war auch nicht sein Fachbereich, sondern tote Menschen. Er hatte noch immer keine Leiche gesehen, obwohl er derzeit ziemlich eng mit gleich dreien zusammenarbeitete. Er seufzte sehnsüchtig und ging zurück ins Büro.

Es hatte sich nichts verändert. Das Lied konnte nicht so lang sein, dass es zehn Minuten hätte durchlaufen können. Genau an dieser Textstelle hatte er den Raum verlassen.

Some People think you have a problem, but that problem lies only with them. Just 'cause you are not like the others. But that is why I love you. Beautiful freak, beautiful freak.

Kim registrierte nichts um sich herum, ihr Gesichtsausdruck kam Björn selten dumm vor, verloren in irgendeiner Ferne, die sich vor ihr auf dem Bildschirm befand. Er sah auf die Wanduhr, noch sieben Minuten bis zum gemütlichen Beisammensein im Kämmerlein. Ein guter Grund, Kim wieder in die Realität zurückzuholen. Er schlich sich auf sie zu. Sie bemerkte ihn noch immer nicht. Er ging um sie herum und warf einen Blick über ihre Schulter.

You know that I, I love you, Beautiful freak, beautiful freak.

Nicht dass Björn etwas schockiert gewesen wäre, nein, er war über die Maßen schockiert, als er sah, was Kim sich da anschaute. Besser gesagt, wen. Sie klickte durch eine Fotogalerie mit Auftrittsbildern von …

Andy Krauß stieg aus dem Zug. Dass er so schnell in diese Stadt zurückkehren würde, hätte er nicht geahnt. Vielleicht würde sich eine Liebschaft reaktivieren lassen. Sein zweiter erster Eindruck, als er aus der Bahnhofshalle heraustrat: Hier riecht es nach Reisebus. Reisebus nach vier Stunden Fahrt. Es stand keine Wolke am Himmel, es wehte kein Wind, der Müllgeruch überlagerte alle sonstigen olfaktorischen Reize.

Nun ja, es war ja auch nicht als Vergnügungsaufenthalt angelegt. Krauß trug bis auf eine Umhängetasche aus LKW-Plane kein Gepäck bei sich. Der Grund, weswegen er hier war, war der Inhalt. Ein Blatt Papier, das er am Morgen in seinem Briefkasten gefunden hatte. Wie lange es dort schon gelegen hatte, wusste er nicht genau, er sah nicht jeden Tag in seinen Briefkasten. Es musste nach der letzten Leiche eingeworfen worden sein, sinnigerweise. So schließt sich der Kreis.

Krauß bewunderte die Anmut, mit der eine feine Dame mit ihren drei Miniaturhunden vor sich an der Leine an ihm vorüberschritt. Sie trug einen violetten Sonnenhut, dessen Krempe ihr fast auf die Schulter hing, und ein weißes Kostüm, das sie mehr als ausfüllte. Noch ein weiter Weg nach Ascot, dachte Krauß, vielleicht sollte man die Ziehhunde auf der Reise austauschen.

Er studierte die Fahrpläne der Straßenbahn. Als er aufsah, fuhr die Linie 3 davon. Noch zwölf Minuten also, hoffentlich machen die keine ...

»... Mittagspause fällt heute jedenfalls aus, meine Herrschaften. Wir haben schon genug Kollateralschaden, da können wir uns keinen Schlendrian mehr leisten.«

Himmel sah Björn während dieser Aussage eindringlich an. Björn schlug gescholten die Augen nieder. Gutes Schauspiel. Himmel fuhr fort.

»Die beiden Bamberger Kollegen, das ist die Neuigkeit des Tages, wurden heute Morgen aus dem Dienst entlassen.«

Es machte sich keine große Verwunderung breit. Kim und Björn erinnerten sich an die peinliche Wegbeschreibungsszene vor dem Programmkino. Man sollte auch kein Bäcker werden, wenn man gerne ausschläft.

Glasow wollte seinen Senf nicht für sich behalten: »Gut, ihre Aufgabe war es auch, die gefährdete Person zu beschützen. Ziel verfehlt, sage ich mal.« Er lachte kurz und trocken auf.

Die gefährdete Person heißt Resi, dachte Björn. Aber hätte ich nicht mit ihr getrunken und gekifft, würde ich auch so über sie reden.

Seine und Kims Rolle war mittlerweile geklärt. Nach offizieller Darstellung hatten sie ihre Aufgabe wahrgenommen, indem sie Andy Krauß und Frau Line aus der Schusslinie genommen hatten, durch eine »angeregte Diskussion über die deutschsprachige Literaturszene«, die sich bis spät in die Nacht hingezogen hatte. So hatte die Verabredung der vier gelautet, bevor sie in Bamberg einzeln vernommen worden waren. Schließlich geht es die Polizei nichts an, wer mit wem schläft, und dass keiner von ihnen das Haus verlassen hatte, war schließlich Fakt. Ebenso wie das abrupte Verschwinden von Bienenbang und Resi, mit dem keiner von ihnen hatte rechnen können.

»Also, die Protokolle aus Bamberg haben wir ja mittlerweile durch«, posaunte Himmel. Er klatschte einen Packen geheftete Papiere auf den Tisch.

»Das sollte uns aber nicht davon abhalten, sie noch mal genauer auf Unstimmigkeiten zu überprüfen. Doppelt genäht hält besser.«

Björn hätte gern seinen Kopf auf den Tisch geschlagen. Ob Himmel solche Weisheiten wohl zu Hause an der Wand hängen hat? Gerade dieser Spruch würde sich wunderbar machen, wenn er tatsächlich doppelt gestickt wäre. Er nahm sich vor, seiner Mutter den Tipp zu geben, falls sie gerade ein neues Hobby suchte. Er sollte sie wirklich mal wieder anrufen.

»Jeder nimmt sich zwei Mappen, dann machen wir Stillarbeit und danach präsentieren wir die Ergebnisse.«

Didaktisch hat er's zumindest drauf, dachte Björn. Himmel verteilte die Mappen auf dem Tisch. Vor Björn landeten Mo Schimmer und Franz. Kim bekam ebenso zwei Mappen ab, Glasow eine und Himmel stand plötzlich ohne Forschungsmaterial da und ging einfach nach draußen.

Wenige Minuten später.

»Kim, Sie beginnen! Legen Sie los!« Himmel zückte einen Kugelschreiber und begab sich in erwartungsvolle Pose. Ob er wohl auch Kopfnoten verteilt?

»Ja gut, ich habe Theresa Baal und Nils Rutsche. Da sich die Aussagen bis ins kleinste Detail gleichen, höchstwahrscheinlich, weil sie zusammen unterwegs waren, fasse ich sie zusammen.

Zusammen mit Mo Schimmer und Franz sind die beiden, nachdem der Slam vorbei und der *morph club* leer war, auf eine Erstsemesterparty in der Sandstraße gegangen. Dort hat es zwei Getränke zum Preis von einem gegeben, das nennt man wohl Doppeldecker. Ein DJ hat schlechte Chartmusik aufgelegt. Das würde ich nicht sagen, wenn es nicht genau so in beiden Aussagen stehen würde.«

Björn konnte dies alles bis dahin bestätigen, auch Schimmer hatte »schlechte Chartmusik« erwähnt.

»Deshalb haben sie sich nicht von der Bar wegbewegt und einige Schnäpse und Bier getrunken, haben sich dann im Raucherhof mit einigen Studenten angefreundet. Mit ihnen sind sie, abgesehen von Franz, der sich abgeseilt hat, auf eine WG-Party gegangen, in der Innenstadt. Sie wussten lange nicht, wer dort eigentlich feiert, bis sie fast die einzigen Gäste waren. Das muss so gegen 4 Uhr gewesen sein. Dann haben sie mit dem Gastgeber, er hieß Peter …«

Peter Himmel und Peter Glasow nickten sich gegenseitig zu.

»… eine Partie Poker spielen wollen. Peter war, nachdem er nach zwanzig Minuten schon vierzig Euro an Mo Schimmer verloren hatte, etwas aufgebracht und hat sie rausgeschmissen. Sie sind in Nils Rutsches Wohnung gegangen, haben dort Andy Krauß, Caroline Pflüg, also, Frau Line, und, äh, Björn und mich schlafend angetroffen, haben sich auf die Zimmer verteilt und sind auch zu Bett. Das war's.«

»In Ordnung«, moderierte Himmel, »kein großartiger neuer Erkenntnisgewinn. Kollege Hahne, machen Sie weiter?!«

Björn hatte leichtes Spiel.

»Nun, alles das hat Mo Schimmer auch ausgesagt. Einziger Unterschied ist die Gewinnsumme beim Poker, er gibt 80 Euro an. Es schien noch einen Coinflip um alles oder nichts gegeben zu haben. Weiter mit Franz:

Bis zu dem Zeitpunkt, als die anderen auf die WG-Party gegangen sind, ist auch seine Aussage mit den eben gehörten identisch. Er hat auf der Erstsemesterparty eine Studentin aus dem – Überraschung – ersten Semester kennengelernt.«

Himmel rügte die saloppe Vortragsweise mit einem ernsten Räuspern. Björn registrierte es nicht und fuhr fort.

»Mit ihr ist er gegenüber in einen Cocktailladen gegangen, vor dem ein roter Teppich ausgelegt war. Dort hat er ihr zwei Cocktails ausgegeben und sie schließlich nach Hause begleitet. Er hat ihr Fahrrad etwa drei Kilometer in eine entlegene Ecke der Stadt geschoben, als sie dann angekommen waren, hat sie sich bei ihm bedankt und ist ohne ihn nach drinnen gegangen. Er war wütend, dass seine Mühen keinen Erfolg gezeigt haben und hat versucht, nach Hause zu finden. Irgendwann kannte er sich wieder aus, hat bemerkt, dass sein Portemonnaie verschwunden war und – wie ihm im Nachhinein klar wurde, höchstwahrscheinlich auch gehört, wie die Leiche in den Fluss geschmissen wurde. Eine Zeit konnte er aber nicht angeben. Es war schon leicht hell. Seine Aussage wurde von dem Mädchen, das er nach Hause begleitet hat, bestätigt, sie hat außerdem sein Portemonnaie in ihrem Gepäckträger gefunden. Das ist ziemlich wasserdicht.«

»Aha!«, stieß Himmel aus. Sechs Augen sahen ihn erwartungsvoll an. Nichts. Er schob ein etwas nachdenklicheres »Aha« nach, machte aber keine Anstalten, dem etwas folgen zu lassen. Dass Resi irgendwann im Fluss gelandet war, war keine Neuigkeit, und dass sie wohl zuletzt auf der Löwenbrücke festen Boden unter den Füßen hatte, war mittlerweile auch geklärt.

»Dann fehlt noch einer, Peter«, sagte er.

Glasow nahm eine aufrechte Sitzposition ein, faltete die Hände auf dem Tisch, holte tief Luft und legte los:

»Hanna Tanner ist nach der Veranstaltung nach Hause gefahren, um nach ihrer Mutter zu sehen.«

Björn betrachtete auf der Wanduhr, wie der Sekundenzeiger sich fünf Mal voranzuckte.

»Das war's?«, fragte Himmel.

»Du hast die Akte doch selbst gelesen.«

Glasow schien keine Lust auf Schulaufgaben zu verspüren. Oder darauf, sich irgendwem unterzuordnen.

»Ja eben. Da steht doch noch mehr.«

»Ja. Ihre Mutter hat geschlafen, als sie angekommen ist.«

»Haben wir die Mutter gefragt?«

»Steht hier nicht. Wahrscheinlich nicht. Was soll sie denn aussagen? Dass sie geschlafen hat?«

»Ja.«

»Ich dachte, sie ist krank.«

»Sie wird ja wohl noch reden können.«

»Hm.«

»Hm.«

Glasow und Himmel wendeten sich voneinander ab und sahen Kim und Björn an.

»Ich kümmere mich drum«, sagte Kim pflichtbewusst.

Die Peters nickten.

Kim beschrieb ihren Notizblock.

Das Telefon, das zwischen ihnen auf dem Tisch stand, klingelte. Interner Klingelton. Die Pforte. Das ist daran ersichtlich, dass das obere der fünf roten Lämpchen blinkt. So hatte Björn es den Peters wenige Tage nach seinem Dienstantritt erklärt. Sie hatten vorher keine Ahnung gehabt, wozu ihre hochtechnisierte Kommunikationsanlage in der Lage ist.

»Die Pforte!«, sagte Glasow stolz.

»Jawohl«, bestätigte Himmel.

Keiner machte Anstalten, den Hörer abzuheben.

»Was die wohl wollen?«, fragte Glasow.

Himmel drehte den Apparat zu sich.

»Eindeutig die Pforte.«

Schließlich hob er tatsächlich ab.

»Ja? – Bitte? – Wer? – Weeer? – Aha.«

Er sah mit zusammengekniffenen Augen zwischen Kim und Björn hin und her.

»In welcher Angelegenheit?«

Erstaunen machte sich in seinem Gesicht breit. Ein seltener Anblick.

»Soll hochkommen. Wir sind im Kämmerlein.«

Er legte auf.

»Die Sonne geht auf!«, sagte er.

In seinem Rücken sah Björn die Mittagssonne auf ihrem Höchststand am Himmel stehen.

»Da steht jemand unten, der eine Aussage in unserem Fall machen will.«

Gespannte Stille.

»Und wer?«, fragte Björn ungeduldig.
»Ein gewisser Dr. Sanchez. Er hat nach Ihnen beiden gefragt.«
»Aha«, sagte Björn. Den Namen hatte er noch nie gehört.
»Dr. Sanchez?«, fragte Kim. Auch sie war relativ ratlos.
»Wir haben uns ja fast schon an diese Spinner mit ihren Phantasienamen gewöhnt, nicht?«, fragte Glasow, ohne eine Antwort zu erwarten.
Da Kim und Björn den nicht grade versteckten Vorwurf nicht gänzlich abstreiten konnten, sagten sie nichts.
»Dann warten wir mal auf Dr. Sanchez«, sagte Himmel und faltete die Hände über seinem Bauch.

Der mysteriöse Besuch kündigte sich durch das schnarrende Öffnen der Aufzugtür an. Sieben, acht Schritte auf dem Linoleumboden und er stand in der Tür.
»Andy!« schrie Kim und sprang auf.
Björn konnte ihren Stuhl vor dem Niedergang retten, während sie die Kurzstrecke zu Andy Krauß zurücklegte und ihm um den Hals fiel.
Da sie selbst nicht daran zu denken schien, schämte sich Björn für sie fremd, da sie das Berufliche nicht vom Privaten trennen konnte. Die Reaktion hätte Björn vielleicht von einer Fünfzehnjährigen erwartet, wenn Justin Bieber plötzlich im Raum steht – oder im Fernsehen sagt, dass er alle seine Fans liebt.
Die Peters verstanden in diesem Moment überhaupt nichts.

Kim bemerkte ihre unvorteilhafte Position erst, nachdem sie Andy Krauß einen längeren Kuss gegeben hatte, der von ihm sanft aber bestimmt unterbrochen wurde. Erst dann stellte sie sich die Frage, die überlebensgroß im Raum stand: Was machte er eigentlich hier?

»Ist ja leicht, hier reinzukommen«, sagte Krauß zur Begrüßung. »Der Typ da unten wollte nicht mal meinen Ausweis sehen. Dem kann man alles erzählen.«

»Das ist Andy Krauß«, flüsterte Björn über den Tisch in Richtung der Peters.

Der Schleier des Unverständnisses lüftete sich nur leicht. Kim nutzte die allseitige Redepause, um rot zu werden und an ihren Platz zurückzutippeln.

»Sie sind also Ändy Krauß?«, fragte Himmel überlaut.

»Bitte«, unterbrach Krauß, »nennen Sie mich nicht Ändy! Wir sind hier nicht bei *Familien im Brennpunkt*. Ich habe auch keine Schwester, die Moonlight heißt. Sagen Sie einfach Andy, stellen Sie es sich mit einem i hinten vor. Oder bleiben Sie bei Herr Krauß, das geht auch in Ordnung. Oder Dr. Sanchez.«

»Wollen Sie mich verarschen?«, bellte Himmel.

Krauß blieb völlig ruhig.

»Nein, ich will Ihnen etwas zeigen … Und Sie sind?«

Himmel stellte sich und Glasow patzig vor und bot Krauß einen Stuhl an. Björn grübelte derweil darüber nach, wie und wo sie sich verraten hatten und wie Krauß sie hatte auffinden können. Glasow und Himmel schienen sich die gleiche Frage zu stellen, wie ihre mahnenden Blicke nahe legten.

Krauß hatte mittlerweile Platz genommen.

»Die Überraschung ist mir ja gelungen, wie es scheint«, sagte er.

»Und wie haben Sie unsere verdeckten Ermittler entlarvt?«, fragte Glasow. Die *verdeckten Ermittler* versuchte er, so abfällig wie möglich zu betonen.

»Gar nicht«, sagte Krauß.

Björn machte große Augen. Kim verlor langsam die Schamesröte.

»Sie haben sich mir anvertraut. Ich habe natürlich nichts weitererzählt. Habt ihr das euren adretten Kollegen etwa nicht gesagt?«

»Das haben wir wohl vergessen«, sagte Kim und lachte etwas überstürzt.

Diese Erklärung unserer Unfähigkeit scheint wohl das kleinere Übel zu sein, dachte Björn. Andy hatte sich seinen Auftritt vorher gut zurechtgelegt, das ist man von ihm gewohnt. Björn war ihm von Herzen dankbar, dass er sie weiterhin deckte. Aber wie er es herausbekommen hatte, konnte er kaum abwarten zu erfahren.

»Dann glauben wir Ihnen das mal«, sagte Himmel, »obwohl glauben nicht unser Job ist. Wir sind ja keine Pfarrer.«

Krauß lachte etwas verlegen über den schlechten Scherz. Den übrigen Anwesenden hing Himmels Humor ohnehin zu diversen Körperöffnungen heraus.

»Dann zeigen Sie mal, was Sie für uns haben!«, sagte Himmel.

Krauß öffnete mit einem Ratsch den Klettverschluss seiner Tasche und beförderte einen Zettel auf den Tisch.

»Das ist eine Morddrohung, adressiert an mich.«

38

Mo Schimmer hielt seinen Finger auf die Buchzeile, in der er gestoppt hatte zu lesen. Das Piepsen war unregelmäßiger geworden. Er sah auf Moritz Bienenbangs Gesicht. Drei seiner Locken klebten ihm an der Stirn, seine natürliche Blässe war während seines langen Schlafs noch eine Nuance weißer geworden. Sein Mund war wie seit Tagen ein klitzekleines Stück geöffnet, so dass man aus günstigem Winkel seine Schneidezähne sehen konnte.

»Du hast sicher ganz schön Mundgeruch mittlerweile.«

Schimmer sprach all seine Gedanken laut aus, er verstand es als seine Aufgabe, Bienenbang zu unterhalten. Das Piepsen des Monitors nahm wieder die übliche Regelmäßigkeit auf. Kein Grund zur Panik. Schimmer griff mit der freien Hand zur Tasse und nahm einen Schluck Gemüsebrühe. Er wendete sich wieder der zerlesenen Ausgabe des *Catcher in the Rye* zu, man befand sich auf Seite 55, und las inbrünstig weiter:

»*SENSITIVE. That KILLED me. That guy Morrow was about as sensitive as a GODDAMN TOILET SEAT.*

I gave her a good look. She didn't look like any dope to me. She looked like she might have a pretty damn good idea what BASTARD she was the mother of.«

»Goddamn fuckin' bastard!«, flüsterte Bienenbang.

»You're goddamn right!«, antwortete Schimmer reflexartig. Dann begriff er.

»Moritz! Moritz, du bist aufgewacht!«

Bienenbang hatte die Augen noch immer geschlossen. Seine Zunge fuhr aus seinem Mund und befeuchtete die Lippen.

»Das ist echt ein gutes Buch«, sagte er heiser. Kurze Pause. »Mein Mund schmeckt innen drin, als hätte eine Kuh reingeschissen.«

Schimmer sprang aus seinem Campingstuhl auf und ergriff Bienenbangs rechte Hand.

»Moritz!«, sagte er gerührt. Eine Träne bahnte sich ihren Weg über seine Wange.

»SCHWESTER CONNY!«, rief Schimmer, ließ Bienenbangs Hand wieder los und drückte zur Unterstützung den großen roten Knopf, der von der Bettstange herunter baumelte.

»SCHWESTER CONNY!«

»Mach doch nicht so einen Terror«, krächzte Bienenbang. »Was ist hier denn eigentlich los?«

»SCHWESTER CONNY! ER IST AUFGEWACHT!«

Die Schiebetür, die Schimmer immer zur Hälfte geöffnet gelassen hatte, um das muntere Treiben auf dem Flur der Intensivstation mitzubekommen, verharrte in ihrer Position. Keine hektischen Schritte waren zu hören, keine Schwester Conny in Sicht.

»Moritz, bleib wo du bist«, sagte er sinnigerweise, als er aus dem Zimmer spurtete, um irgendeinen Bediensteten aufzutun, der nach Bienenbang sehen sollte.

Kaum war er aus dem Raum, öffnete Bienenbang einen Spaltbreit seine Augen. Es schmerzte. Obwohl Schimmer die Vorhänge zugezogen hatte, stach ihm das reduzierte Licht fürchterlich in den Augen. Er zog seine Ellenbogen zurück, richtete sich ein kleines Stück weit auf und sah desorientiert um sich. Er spürte den Schmerz nun auch in seinem Kopf. Es pochte. Es hämmerte. Ein Bild blitzte in seinem Kopf auf. Er stammelte einen Namen, schloss die Augen wieder und sank zurück ins Kissen.

Als Mo Schimmer zusammen mit Gesundheitspflegerin Conny in den Raum gestürmt kam, war es, als wäre er nie aufgewacht. Der Monitor piepste rhythmisch. Schimmer öffnete ein Fenster.

39

»Was soll das?« fragte Himmel.

Der Zettel, der zwischen ihnen auf dem Tisch lag, war mit nur einem Satz beschriftet, der die Überschrift bildete und sich im Fließtext ständig wiederholte:

In Hamburg geht es zu Ende. In Hamburg geht es zu Ende. In Hamburg geht es zu Ende.

Kim hatte umgehend verstanden und erklärte: »In Hamburg sind in diesem Jahr die deutschsprachigen Poetry Slam-Meisterschaften. In drei Wochen.«

»So ist das«, bestätigte Krauß.

»Und das hier«, fuhr er fort und zog weitere Papiere aus seiner Tasche, »sind ein paar meiner Texte.«

»Wollen Sie uns was vorlesen?«, fragte Glasow.

Krauß strafte ihn mit einem durchdringenden Blick. Er legte zwei erste Seiten direkt neben das Drohschreiben.

»Schauen Sie mal.«

Glasow und Himmel schauten.

»Sieht sich ähnlich«, sagte Himmel.

Krauß erklärte: »Die Überschrift ist gefettet, drei Leerzeilen bis zum Textbeginn, Schriftart *Book Antiqua*, Schriftgröße 13. So schreibe ich alle meine Texte. Und der Schrieb hier sieht ganz genauso aus.«

Glasow nickte und spielte beeindruckt. Ihm war nicht klar gewesen, dass es überhaupt mehr als zwei Schriftarten gab. An seinem Arbeits-PC war *Times New Roman* voreingestellt, seine Geburtstagseinladungen verfasste seine Frau für ihn stets in *Comic Sans MS*. Ansonsten hatte er keinen Kontakt zu Textverarbeitungsprogrammen.

»Das heißt, der Täter muss aus deinem Umfeld stammen«, sagte Kim.

»Wieso das denn?«, fragte Glasow.

»Er gibt seine Textblätter nicht aus der Hand. Auch wenn jemand darum bittet, einen Text haben zu können.«

»Eben«, bestätigte Krauß, »die sollen mal brav meine Bücher kaufen.«

»Sie scheinen sich ja schon sehr gut zu kennen«, merkte Himmel mit einem vorwurfsvollen Unterton an.

»Ja, Andy hat einen prallen Fleischpenis«, hörte Björn Kim sagen.

Er sollte vielleicht mal seine Ohren untersuchen lassen. Da das Gespräch einen normalen weiteren Verlauf nahm, konnte sie *das* zumindest nicht gesagt haben.

»Wer hat Zugang zu deinen Texten?«, fragte Kim, die Antwort ahnend.

»Ich trage die Texte in einem Ordner in Klarsichtfolien mit mir herum, nehme sie zum Vorlesen raus und stecke sie danach wieder rein.«

Selbst Andy Krauß hat also irgendwas von der deutschen Ordnungsliebe abbekommen, dachte Björn.

Zum Lesen gebe ich sie nur anderen Slammern oder Leuten, die sonst mit mir auftreten. Nur in Backstageräumen. Sonst kann da niemand ran. Außer man würde bei mir einbrechen.«

»Oder deinen Computer hacken«, ergänzte Björn.

»Nicht mal das. Ich schreibe mein Zeugs auf einem Netbook, mit dem ich niemals online gehe. Ist so ne Marotte, quasi meine Schreibmaschine.«

Kim schwelgte in ihren Gedanken: Der Mann hat so viele faszinierende Facetten.

»Waren wir an diesem Punkt nicht schon vor zwei Wochen?«, grätschte Himmel dazwischen. »Es ist einer Ihrer Kollegen. Schließen wir Sie selbst mal großzügig aus, und den im Koma auch. Bleiben die hier.«

Er lupfte den Stapel mit den Bamberger Aussagen in die Höhe.

»Die haben alle ein Alibi. Wir kommen hier nicht weiter.«

»Wir haben aber das hier«, äffte Krauß Himmel nach und hob den Drohbrief in die Luft.

»In Hamburg geht es zu Ende. Da wird er also auftauchen. Ich spiele gern das Opferlamm, das mache ich öfter.«

»Nein«, entfuhr es Kim ungewollt mit halber Stimme.

»Kollegin Kim«, ermahnte Himmel, »wahren Sie professionelle Distanz, Herrgott. Sie führen sich auf wie ein Schulmädchen auf Zuckerentzug. Soll ich nach einem Lolli für Sie suchen?«

Kim hatte große Lust, Himmel einen Lolli rektal einzuführen. Sie räusperte sich stattdessen und führte das Gespräch so neutral wie möglich fort:

»Wir haben Glück. Es ist das erste Mal, dass wir genau wissen, wen es treffen soll.«

Kurz dachten alle über die Aussage nach und stimmten ihr stillschweigend zu.

»Tragen Sie gerne weite T-Shirts?«, fragte Glasow.

Wie bitte, dachten die anderen.

Krauß bejahte.

Glasow führte seinen Gedanken weiter: »Eine schusssichere Weste würde darunter also eventuell nicht auffallen. Außerdem brauchen Sie Personenschutz.«

»Klingt logisch«, sagte Krauß.

Kim hatte einen Einwand: »Unser Täter hat bisher keine Schusswaffe benutzt.«

»Das heißt nicht, dass er nicht im Schützenverein ist«, sagte Himmel.
Nachdenken war angesagt.

Björn unterbrach nach einigen Sekunden die Stille:
»Ich glaube, er will den großen Auftritt. Wenn er dir schon eine Warnung schickt, will er zunächst mal, dass du Angst vor ihm hast. Er fordert dich heraus. Er sagt damit: Traust du dich überhaupt, in Hamburg aufzutreten? Und er geht davon aus, dass du das tust, um gegen ihn zu gewinnen.«

»Sie haben Psychologie studiert, Kollege Hahne?«, fragte Himmel dazwischen. Björn redete ungerührt weiter.

»Er wird dir nicht in deinem Hotelzimmer auflauern, sondern an einem Ort, wo ihn möglichst viele bei seiner Tat beobachten können, auf der Bühne. Er will dich niedermachen, und ich glaube, es ist ihm egal, wie es für ihn danach weitergeht. Er kann nicht damit rechnen, dass du mit dem Brief nicht zur Polizei gehst. Er will alle gegen sich haben und trotzdem gewinnen. Er will schlauer sein als wir. Dass er das kann, hat er schon drei Mal bewiesen, als Warnschuss, im Nachhinein betrachtet. So müssen wir das wohl nüchtern sehen. Und jetzt sollst du selbst sein Meisterstück werden. Deswegen will er es sich nicht leicht machen.«

Krauß' Mund war trocken geworden.
»Das ist ein ziemlich kranker Typ«, brachte er gedämpft heraus. »Ich glaube, du hast Recht.«
»Ja wunderbar, wir haben eine Theorie«, jubilierte Himmel, »drücken wir uns die Daumen, dass der Täter genau so denkt wie Sie, Kollege Hahne.«
Er schüttelte verständnislos den Kopf.

»Aber das mit der Weste und dem Personenschutz machen wir?«, fragte Glasow nach, um sich selbst zu bestätigen.

»Das klingt im Gegensatz zu manch anderem vernünftig«, bestätigte Himmel.

Björn überlegte angestrengt, ob die Sticheleien ihm nicht allmählich zu viel wurden. Er entschied sich dafür, sich selbst für sein dickes Fell zu loben. Wo sind die Schulterklopfer, wenn man sie braucht? Er entschied sich des Weiteren dafür, Sticheleien seinerseits sein zu lassen und lieber konstruktiv zu bleiben.

»Wenn wir von Personenschutz reden«, sagte er, »sollten wir Folgendes bedenken: Kim und ich sind bereits in der Szene eingeführt.«

Krauß kicherte kurz. Er kannte Runden, in denen schon die Erwähnung des Wortes »einführen« für tischumrundendes Gelächter sorgte. Ab und an rutschte er selbst geistig in die präpubertäre Phase zurück.

Himmel bedachte ihn mit dem gleichen ermahnenden Blick, den er seinen Untergebenen gerne zukommen ließ.

»Gute Anmerkung, Kollege Hahne«, sagte er. »Ich brauche mal eine Pause hier, machen Sie jungen Leute mal aus, wie sie das gerne aufziehen würden, ja?«

Er machte keine Anstalten, sich zu erheben. Björn konnte seine Motivation, sie aus dem Raum zu bekommen, nicht erahnen. Es war zwar Samstag, aber zur Bundesligakonferenz war es noch eine Zeit lang hin. Vielleicht war es einfach zu viel Aufregung für sein Alter.

»Gehen wir eine rauchen?«, fragte Krauß.

»Bin dabei«, sagte Björn.

Kim dackelte wortlos hinterher.

Was sich nun zwischen den Dreien abspielte, glich einem klassischen Drama.

Treppenaufgang zwischen drittem und viertem Stock, am sogenannten Raucherfenster. Björn Hahne und Andy Krauß sitzen auf dem inneren Sims. Kim Kessler stehend davor. Keine weiteren Personen anwesend.

Kim: Jetzt würde ich auch mal eine nehmen. Das ist doch alles etwas viel heute.
 Andy und Björn halten ihr umgehend ihre Schachteln entgegen, sie entscheidet sich für die leichteren Zigaretten von Björn.
 Björn: Danke, Andy.
 Andy: Bitte. Wofür?
 Björn: Dass du den Peters nicht erzählt hast, dass du uns – äh – entlarvt hast.
 Andy, *schulterzuckend*: Naja, schwer war das nun nicht.
 Kim, *konsterniert*: Was? Ich dachte, wir hätten das gut gemacht.
 Björn: Es war der Braumann, oder? In Bamberg auf der Brücke?
 Andy: Noch zweimal raten.
 Kim: Da dachte ich aber auch, dass es vorbei ist. War es Björns Polizeigriff in der Küche?
 Andy: Der kam auch ein bisschen spät. Tat übrigens sehr weh.
 Björn: Du wusstest es schon in Würzburg?
 Andy: Fast.
 Kim, *ungläubig*: Schon in München??
 Andy: Es war eben ein bisschen auffällig, dass ihr genau dann aufgetaucht seid, als das mit den Morden raus kam.

Du warst auffallend zurückhaltend, Björn, und du auffallend wissbegierig, Kim. Ich meine, wen interessiert denn die komplette Lebensgeschichte von allen Slammern, ohne dass man sie je hat auftreten sehen? Franz kam das etwas komisch vor.

Kim: Na super. Und ich hab mich dafür gefeiert, alles aus ihm raus gekitzelt zu haben.

Andy, *amüsiert*: Und dann diese unbeholfene Lügengeschichte, du seist lesbisch. Das hatte sich ja schon bald erledigt.

Kim: Ich würde durchaus auch mal, also, wenn sie mir sympathisch ist ...

Andy, *zu Björn*: Außerdem war es natürlich etwas leichtsinnig, dass du deinen Dienstausweis in der Backstagekammer in München hast liegen lassen.

Kim: Du hast was?

Björn: Der war in meinem Rucksack!

Andy: Ich erfahre, dass auf Slams Leute ermordet werden und gleichzeitig taucht da so ein Frischling auf, der aussieht wie ein Kampfsportler. Glaubst du, da durchwühle ich seine Sachen nicht?

Björn: Ja, das glaube ich.

Andy, *augenzwinkernd*: Sicher, dass du den richtigen Beruf hast?

Björn: Wann ... ach so, während ich auf der Bühne war, klar.

Andy: Na, vielleicht doch. Gute Kombinationsgabe.

Kim: Wunderbar, also haben wir uns alle gegenseitig was vorgespielt.

Andy: Ich bin auch nicht mehr 16 und halte alle Polizisten für Teufel, die mir was Böses wollen. Ich fand es ganz beruhigend, dass ihr da wart. Und ich wollte immer mal eine von euch –, du weißt schon, Kim.

Kim, *bestimmt*: Und da wir nun eh schon als Pimperpärchen bekannt sind, kann ich auch in Hamburg auf dich aufpassen.

Wenige Sekunden denken alle über den überraschenden Vorschlag nach.

Andy: Ich weiß nicht.

Kim, *aufgebracht*: Was spricht denn dagegen?

Andy: Du weißt, dass ich Post-Gender bin, Geschlechterrollen gehen mir am Arsch vorbei. Aber ich hab dich nun mal gefickt. Und wenn ich jemanden gefickt habe, dann war er eben mal unter mir. Und als Beschützer solltest du doch eher irgendwie über mir stehen, nicht?

Kim: Ich war auf dir!

Björn, *überrascht*: Was? Wann?

Andy, zu Kim: Ich habe dich penetriert, das reicht.

Kim, *zu Björn*: Du hast daneben geschlafen.

Björn: Igitt.

Andy: Ich habe dir und Line auch zugeschaut, bis du weggetreten bist. Keine unnötige Prüderie bitte.

Björn, *schockiert, kleinlaut*: Ich sag jetzt gar nichts mehr.

Andy: Also jedenfalls, du magst ja eine tolle Frau sein, und wir können alles miteinander machen, aber als Bodyguard – würde ich doch lieber Björn nehmen.

Kim: Weil du ihn nicht gefickt hast?

Andy: Noch nicht zumindest.

Björns Blick erstarrt augenblicklich.

Andy: Kleiner Scherz.

Björn: Na gut, ich würde das machen.

Kim, *erzürnt*: Ihr seid doch beide Riesenarschlöcher!

Kim Kessler ab.

Andy: Ich finde sie richtig hot, wenn sie wütend ist.

Kurz darauf: Björn Hahne und Andy Krauß ab.

Überraschenderweise waren Peter Himmel und Peter Glasow während der Raucherpause auf die Idee gekommen, selbst auch in Hamburg anwesend sein zu wollen.

»Mehr Schutz ist besserer Schutz, Sie verstehen?«

Natürlich hüteten sich Kim und Björn, ihnen diese Entscheidung auszureden. Andy Krauß hielt aus purer Angst, von Himmel getasert zu werden, ohnehin den Mund. Sicherlich würde es den alten Herren ganz gut tun, auch mal außerhalb des Büros aktiv zu sein. Dass genau das aber die eigentliche Motivation war, konnte die junge Generation nicht ahnen.

Bei Himmels stand in drei Wochen der Besuch eines befreundeten Paares ins Haus, den Himmels Frau mit täglich gesteigerter Vorfreude, er dagegen mit grandiosem Grausen erwartete. Eine verhängnisvolle Wanderung im Gunzesrieder Tal beim Allgäu-Urlaub 1976 hatte zunächst für die Bekanntschaft gesorgt, seitdem die jährlichen gegenseitigen Besuche nach sich gezogen. Schon 1978 hatte Himmel die Lust daran verloren, und nun hatte er endlich einen Grund, Reißaus zu nehmen. Glasow war von der Idee genauso begeistert, er machte gerne Hafenrundfahrten.

Es wurde der Schlachtplan geschmiedet, dass Peter und Peter einfach anwesend und wachsam sein würden. Kim sollte sich als Groupie unter die Slammer mischen und Björn nur in absoluten Notfällen von Krauß' Seite weichen. Aufgrund der akuten Gefahrenlage sollte jeder von ihnen eine Schusswaffe bei sich tragen. Außerdem sollten die Hamburger Kollegen informiert und zur Unterstützung weitere Mitglieder von dort in die *SK Slam* aufgenommen werden.

»In Hamburg geht es zu Ende, ein gutes Motto«, beschloss Himmel die Diskussionsrunde.

Björn empfing eine aufgebrachte SMS von Regine.

40

Björns One Night Stand war weder Modevertreterin noch war ihr Name Kathi. Sie hatte einen Dönerteller vor sich, stocherte in der trockenen Salatbeilage herum und erstattete ihrem Gegenüber Bericht. Ihr Gegenüber war Regine, die es für eine gute Idee gehalten hatte, eine Treuetesterin zu engagieren.

»Ich habe das also richtig verstanden? Er hätte nicht nur mit Ihnen geschlafen, er hat mit Ihnen geschlafen?«

Lara Lauschig, unter diesem Pseudonym war sie zumindest Regine bekannt (und hoffte ebenso, durch den prägnanten Namen eine Reality Doku im Privatfernsehen zu bekommen) bejahte.

»Ich beauftrage Sie, zu überprüfen, ob mein Freund mir treu ist, und Sie verstehen es als Ihre Aufgabe, sich von ihm – beschlafen zu lassen?«

In anderem Kontext wäre Regine stolz auf ihre Wortgewandtheit gewesen.

»Das steht im Vertrag«, sagte Lara und schob sich eine Gabel Reis in den Mund.

Natürlich stand es nicht im Vertrag, und im Grunde war sie sich auch im Klaren darüber, dass ihre Entscheidung, ihr Verlangen nach Körperlichkeit durch den Beruf einer Treuetesterin zu stillen, nicht die seriöseste Methode war. Aber immerhin verschaffte sie ihren Auftraggeberinnen Gewissheit – und die Hälfte des Honorars wurde im Vorhinein bezahlt. Auf die andere Hälfte konnte sie gut verzichten, was sie auch regelmäßig tat.

Während sie in Ruhe weiter aß, ließ sie sich von Regine aufs Ausführlichste beschimpfen. Verständlich. Sie hatte ihren letzten Zipfel Hoffnung auf eine Fortführung der Beziehung zu Björn abgeschnitten. Sie hatte ihre Arbeit gemacht.

Serkan, der Inhaber der Döneria, trat an ihren Tisch und bat Regine, sich etwas unter Kontrolle zu bringen. Dass er sein Dönerschwert nicht aus der Hand gelegt hatte, verlieh ihm zusätzliche Autorität.

»Mein Freund hat mit der da geschlafen!«, verteidigte sich Regine.
Serkan schien amüsiert.
»Ich würde ihn nicht mehr als deinen Freund bezeichnen«, sagte Lara. »Außerdem war es mehr ein animalischer Fick als ein Miteinanderschlafen. Entschuldigung, zwei animalische Ficks.«
Serkan setzte sich an den Nebentisch, um den weiteren Verlauf des Gesprächs nicht zu verpassen – und Regine keine Möglichkeit zu geben, ihm das Schwert zu entreißen.

Die Unterhaltung zog sich nicht mehr lange hin. Regine sprang auf, gab Lara eine Ohrfeige und schmierte ihr Reis, Putenfleisch und Kräutersoße ins Gesicht. Serkan forderte sie augenblicklich schwertschwingend auf, das Lokal zu verlassen.
Sie wischte ihre Hand an der Tischdecke ab, packte ihren Kram in die Handtasche und ging, ohne ein weiteres Wort zu sagen.
Serkan gab Lara wie üblich feuchte Tücher mit auf die Toilette und freute sich bereits auf seinen Feierabend. Sie waren verabredet.

Regine sendete eine aufgebrachte SMS an Björn. Sie erhielt keine Antwort.

41

Es war lange ruhig gewesen. Andy Krauß hatte die letzten 14 Tage damit verbracht, zuhause zu sitzen, einen Roman zu beginnen und zu verwerfen und täglich ein Kräuterhähnchen im Nordstern zu essen. Dreimal hatte er mit Kim telefoniert, wobei die Gespräche zunehmend vom Geschäftlichen ins Private abdrifteten.

Er saß im Schneidersitz vor seinem riesigen Fernseher und sah sich Videos auf YouTube an.

Sein Telefon klingelte. Richart N. Streit ruft an.

Krauß stoppte das Video und nahm das Gespräch an.

»Yo, was los?«

»Andy, sag mal, möchtest du wetten?«

»Immer. Worauf?«

»Auf die Vorrunden bei den Meisterschaften. Ich leite das Wettbüro.«

»Ich hab mir das noch gar nicht angesehen. Wie ist denn das System?«

»120 Starter im Einzelwettbewerb, zehn Vorrunden à 12 Slammer, die ersten drei kommen in die Halbfinals.«

»Okay, ich schau mir das mal an. Ich setze auf mich, das kannst du schon mal notieren, die 29 anderen maile ich dir, ich setze das auf meine To-do-Liste. Rate, was ich grade mache!«

»Sag's mir.«

»Ich sehe mich selbst an. Ich sag dir, wenn ich mal Kinder haben sollte und denen erzähle, wie fasziniert ich grade davon bin, dass ich mit dem Fernseher ins Internet gehen kann, die werden mich so hart dafür auslachen!«

»Sie werden dir aus ihren Raumschiffen auf den Kopf spucken.«

»Genauso wie du in jedem Laden erst mal nach 'ner Steckdose fragst weil der Akku von deinem bescheuerten iPhone nur einen halben Tag lang durchhält. Das darfst du in zehn Jahren niemandem mehr erzählen!«

»Du bist so weise. Also gib mir deine Tipps dann bald mal durch. Mein Akku ist gleich –«

Die Verbindung war beendet. Krauß drückte auf Play.

Er sah einen verwackelten Mitschnitt aus der Pause eines Poetry Slams. Sein Name war in der Videobeschreibung getaggt, bisher hatte er sich noch nicht gesehen. Stattdessen sah er Sabine Meyer und Dominika Dzierwa an der Bar sitzen. Dominika winkte mit ihrem Notenblock. Die Kamera schwenkte weg von ihnen auf die Bühne, wo sich in der Pause naturgemäß wenig tat. Sie setzte sich in Bewegung und lief durch die Stuhlreihen auf die Bühne zu. Krauß glaubte, sich am Rand stehen zu sehen, mit dem Rücken zur Kamera. Der Filmer stieg auf die Bühne und schwenkte von dort über das Publikum. Krauß sah sich nicht mehr. Konnte er auch gar nicht, weil er damals während der Pause auf dem Hinterhof gewesen war, fiel ihm ein. Er war erst in der zweiten Vorrundenhälfte dran gewesen und hatte vor dem Ende der Veranstaltung nicht den Zuschauerraum betreten.

Aber wie konnte er dann glauben, sich dort stehen gesehen zu haben?

Er spulte zurück, drückte auf Play und stoppte beim ersten Versuch an der richtigen Stelle. Er blickte ungläubig auf das Standbild.

Die Gestalt am rechten Rand trug einen schwarzen Kapuzenpullover mit übergezogener Kapuze und einem blauen

Kaktus auf dem Rücken, darunter eine Jahreszahl. Das war sein Pullover. Er rotierte gerade in der Waschmaschine.

Es gab nur vier andere Menschen, die genau diesen Pullover besaßen, und einer von ihnen hatte ihm vor langer Zeit Böses angedroht.

Am Besten wäre es, man würde Andy Krauß die Geschichte selbst erzählen lassen ...

»Das war vor fünf Jahren. Ich habe bei einem Kleinkunstwettbewerb mitgemacht, irgendwo in Bayern, fast in Österreich. War vielleicht in Passau oder sonst einem Grenzdorf, weiß ich nicht mehr genau. Jedenfalls hieß der Wettbewerb ›Der blaue Kaktus‹.

Ich hatte denen als Bewerbung eine DVD mit drei Videos von mir geschickt, von mir selbst anmoderiert, auf dem Klo sitzend, im Unterhemd. Das fanden die anscheinend amüsant, deswegen haben sie mich zur Endrunde eingeladen. Fünf Solokünstler, unterschiedliche Genres der Bühnenkunst, so wurde das verkauft. Man konnte machen, was man wollte. Preisgeld fünftausend Euro. Ziemlich dickes Ding. Plus Publikumspreis, dreitausend Euro.

Das war noch vor der Zeit, als bei jedem Kabarettwettbewerb drei der fünf Beiträge von irgendwelchen Leuten kamen, die sich im Poetry Slam sozialisiert haben.

Ich war der klare Außenseiter, die Anderen kannten mich nicht, ich sie auch nicht. Ich habe die Sache recht locker genommen, beim Slam lernt man ja, wenn auch sonst nichts, dass das Publikum jeden Abend einen anderen Geschmack hat. Und es gab ein schickes Hotelzimmer und Übernahme der Kosten, also wäre schon mal nichts verloren gewesen, hätte ich nicht gewonnen. Ich bin nicht der Typ, der sich da selbst unter Druck setzt. Ich weiß, dass meine Sachen meistens ganz gut ankommen und wenn ein Anderer da ist, der nach mir dran kommt und es auch gut macht, dann habe ich eben nicht gewonnen. Ich gewinne oft genug irgendwas, die anderen sogenannten Künstler sollen die Erfahrung gerne auch mal machen. Wenn der Gewinner ein sympathischer Kerl ist, gibt mir zumindest einen aus, das ist dann auch in Ordnung, so sehe ich die Sache.

Sympathie war aber das Letzte, was mir da entgegengeschlagen ist, als ich vor der Show ankam. Der Empfang am Bahnhof war noch ganz nett. Lag wohl daran, dass der Fahrer keine Ahnung hatte, für wen er eigentlich arbeitet. Und auf der Rückbank von einem Hummer hat man große Beinfreiheit. Dann komme ich da an, als Letzter, und Backstage herrscht eine Stimmung, als hätten die alle morgens ihre Eltern begraben. Leute, die wirklich von solchen Preisen abhängig sind, weil sie sich eben einreden, dass das ihre Karriere übelst pusht, können da schon sehr verbissen sein. Einer von denen, Stand-Up-Comedian, hat die ganze Zeit nur gesagt ›Ich hätte einen besseren Käse erwartet‹, mit vollem Ernst, und das, während er sich noch drei Käsebrötchen vom Catering rein geschaufelt und dabei ständig angeekelt das Gesicht verzogen hat. Ich stelle mich also jedem freundlich vor, nehme mir ein Bier aus dem Kühlschrank, setze mich aufs Sofa und zünde mir eine Zigarette an. Da kommt schon der erste Kommentar von dem Clown, es war wirklich ein Clown, der sich grade vor dem Spiegel das Gesicht bunt anmalt. Ich würde das wohl nicht hauptberuflich machen. Und der Klavierkabarettist erzählt von einem Kollegen, der grade auf Entzug sei und dass man aufpassen müsse und er erst nach dem Auftritt essen und trinken kann. So ging das dann in einer Tour weiter, und es waren noch zwei Stunden, bis es los ging.

Als Einlass war, sind sie ständig alle in die Lobby gerannt und haben sich das Publikum angeschaut. Weil sie einschätzen wollten, ›wie die Leute so drauf sind‹, hat mir der Stand-Upper im Vertrauen erklärt. Man kann nicht immer alles bringen, man muss sich anpassen, immer flexibel sein, immer ein As im Ärmel. Und ich solle bloß nicht weitererzählen, dass er mir diesen teuren Rat gegeben hat. Ich habe große Augen gemacht und er mich so mitleidig angeschaut. Junge, du musst noch viel lernen. Vollidiot.

Dann ist es endlich los gegangen, nach meinem dritten Bier. So ein Radiofritze hat moderiert, einer vom Kultursender, und alle waren brav und haben brav geklatscht, wie es sich gehört eben. In der ersten Reihe waren die Kulturtanten und die Typen von der Sparkasse mit den Schecks. Der Comedian ist als Erster dran, geht raus und ist brav und zieht seine Geschlechtercomedy mit verstaubten Gags durch und bekommt braven Applaus und ich ekle mich vor ihm.

Backstage stand ein Fernseher, da konnte man zusehen.

Als er wieder reingekommen ist, hat er sich furchtbar aufgeregt, dass das Publikum noch nicht warm sei, und an der Akustik würde wohl irgendwas nicht stimmen. Die Akustik wird immer gern als Ausrede für eigenes Versagen hergenommen, habe ich in der Zwischenzeit schon oft gehört.

Danach war der Clown dran, er hat ein bisschen Tischfeuerwerk gemacht und eine Frau auf die Bühne geholt, die, glaube ich, zu ihm gehört hat. Sie hatte jedenfalls enormen Spaß beim Tiergeräuscheerraten, das hat sich aber nicht so auf das Publikum übertragen.

Dann der Klavierkabarettist. Mir sind ja schon Clowns grundsuspekt, mit Klavierkabarettisten kann ich aber gar nicht.

Allein die Arbeitshaltung. Die sitzen immer seitlich zum Publikum und drehen dann den Kopf die ganze Zeit um 90 Grad. Auch wenn sie wegen der Scheinwerfer grade mal die ersten zwei Reihen sehen. Ich finde das einfach unnatürlich. Wenn ich Klavier spielen könnte, würde ich das irgendwie anders machen, hauptsächlich wäre es mir egal, ob die Leute mein Gesicht sehen. Und plötzlich grinst der! Erst stundenlang die Mundwinkel am Kinn festgeklebt, und sobald er auf der Bühne sitzt, grinst er – und hört nicht mehr auf damit. Ich glaube ja nicht, dass der Sinn von Bühnenunterhaltung ist, dass die Leute *auf* der Bühne lachen. Er klimpert also irgendwas, was sich gar nicht übel anhört und singt dazu gefällige Witzchen. Die Leute fahren voll drauf ab. Man kann ein Publikum so leicht verarschen. Ich schreibe mir reflexhaft seine Texte mit und denke darüber nach, spontan mein Programm zu ändern.

Die Leute sind draußen noch am Ausrasten, während er schon wieder zu uns rein kommt und eine Schnute zieht wie ein vergewaltigtes Schulmädchen. Ich sag ihm ›gut gemacht‹ und proste ihm zu und er interpretiert das irgendwie negativ und antwortet mir nicht. Also ändere ich spontan mein Programm.

Ich gehe raus und lese seine Lieder noch mal vor. Ohne Musikbegleitung merken plötzlich alle, wie dumm sie waren, sich darüber vor Lachen zu bepissen. Dann erzähle ich, wie sich die anderen Teilnehmer backstage verhalten. Die Leute dachten wohl, ich hätte mir das alles ausgedacht, weil die Künstler doch gar nicht *so* scheiße sein können, wenn sie nicht auf der Bühne stehen. Tja. Irgendwann hab ich nach der Zeit gefragt, fünf Minuten waren noch übrig. Also noch ein Slamtext darüber, wie ich meine Freundin von einer Klippe schubse und das rechtfertige. Die Bude hat gekocht, kein Vergleich zum Klavierfuzzi.

Der Typ nach mir hat mir echt leid getan. Politisches Kabarett, extra dry. Armes Deutschland und so, alles Mist, Regierung und Opposition, Lügenpack, Verhältnisse wie in Afrika, uiuiui. Ich habe ihn mir aus dem Zuschauerraum aus angesehen, ein absolutes No Go, wurde mir danach gesagt.

Naja, dann war jedenfalls Pause, weil sich die Jury beraten und das Publikum auch seine Stimmen vergeben musste. Ich gehe in den Backstageraum und da steht der Klaviermann vor mir und dampft vor Wut aus den Ohren.

›Das zahle ich dir heim‹, sagt er, und ›Wir werden sehen, wer am längeren Hebel sitzt!‹. Er sagt noch, dass ich den Jurypreis schon mal abschreiben könne, weil die sicher nicht drauf stehen, wenn man sich hier auf unterstem Niveau gegenseitig niedermachen würde, ›wir sind keine Gangsta Rapper, das hier ist ein ernsthafter Wettbewerb‹.

Die Anderen sitzen daneben und hören zu und schauen mich grimmig an, der Clown am grimmigsten. Er kreischt was von Berufsethos und ich schlage vor, dass wir jetzt alle einschlagen und das Preisgeld dann teilen könnten. Das war wohl eine große Beleidigung, der Clown und der Politkomiker haben nur die Köpfe geschüttelt und sind wortlos raus gegangen.

Als der Typ grade schreit »Meine Texte sind intelligent!« und mir als Beweis, natürlich, ein paar andere als den vorgespielten unter die Nase hält, kommt die Durchsage, dass wir zur Preisverleihung auf der Bühne erwartet werden. Ich nehme mir noch ein Bier aus dem Kühlschrank und gehe als Letzter raus.

Auf der Bühne stehen wir dann in Reih und Glied und plötzlich sind wieder alle sehr freundlich. Sie lassen sich von der Jury loben und konstruktiv kritisieren, ich achte zum ersten Mal darauf, wie der Klavierspieler eigentlich heißt: Manni. Er hieß tatsächlich einfach nur Manni. Allein für diesen bescheuerten Bühnennamen hatte er keinen Preis verdient. Über mich hat die Jury dann irgendwas von ›mit spitzer Zunge und spitzer Feder‹ erzählt, das übliche Blabla. Das war's.

Ach so, ja, und den blauen Kaktus habe ich dann eben auch gewonnen, Jurypreis und Publikumspreis. Achttausend Euro. Da muss eine alte Frau lange für strippen. Und wir haben alle die Pullis bekommen. Das war's.

Ach nee, das Wichtigste: Ich stehe danach beim Pissen auf dem Männerklo und Manni kommt rein. Er stellt sich hinter mich, hat plötzlich eine ganz tiefe Stimme und droht mir:
›Ich werde dich ziehen lassen. Heute. Aber sei gewarnt. Irgendwann kreuzen sich unsere Wege wieder. Du wirst mich nicht erkennen. Und dann wird es fürchterlich für dich enden. Dann *wird* es für dich enden. Das war's.‹

Das war's.«

42

»Dir fällt jetzt ein, dass du mal so was wie eine Morddrohung bekommen hast???«, fragte Björn entgeistert.

»Björn, ich hab nicht nur *einen* Hater. So was kann man mal vergessen. Außerdem ist es mir nicht *jetzt* eingefallen, sondern vor einer Woche.«

»Tsss«, machte Björn nur und griff zum Telefon, um irgendwen zu erreichen, der über diesen Manni Nachforschungen anstellen kann.

»Sinnlos«, sagte Andy Krauß nur. »Er ist nach dem blauen Kaktus nicht mehr aufgetreten, sagt Google. Seine Homepage ist offline.«

»Wir haben da vielleicht noch ein paar andere Möglichkeiten«, sagte Björn und scrollte die Namen in seinem Telefon durch. Er sah um sich, um einzuschätzen, wie offen und laut er reden konnte.

Sie befanden sich auf einem der extrabreiten Bahngleise in Hannover, der ICE nach Hamburg macht dort immer zehn Minuten Pause, worüber sich vor allem die Raucher sehr freuen. Der halbe Zug schien ausgestiegen zu sein, um flott zwei Kippen in sich hineinzuziehen. Kim hatten sie in ihrem Abteil gelassen, einer musste den Zugestiegenen immerhin erzählen, dass alle sechs Plätze besetzt sind.

Regine hatte von ihrem Fensterplatz einen Waggon weiter beobachtet, wie sie ausgestiegen waren und wäre ihnen fast gefolgt, hat dann aber noch rechtzeitig bemerkt, dass Hannover anscheinend nicht das Ziel war. Sie war in den letzten

Tagen nicht mehr zum Fußballtraining erschienen, weil sie es für sinnvoller gehalten hatte, Björn hinterherzuspionieren. Seit sie wusste, in welchem Hotel er derzeit wohnte, hatte er keinen unbeobachteten Schritt mehr machen können. Bemerkt hatte er sie nie, er betrachtete sich eher als Beobachter denn als Beobachteter und hatte keinerlei Grund gesehen, misstrauisch zu sein. Und immerhin war Regine früher auch im Karnevalsverein aktiv gewesen. Ihre Vorliebe für Verkleidungen aller Art konnte sie während ihrer Mission nach Herzenslust ausleben. Heute hatte sie sich für die sicherste Variante entschieden und trug eine modische Burka. Dank der allseits akzeptierten kulturellen Vielfalt in den meisten Teilen Deutschlands wurde sie nur selten skeptisch gemustert, sie bemerkte aber, dass einige Menschen ihr nicht zu nahe kommen wollten. Niemand hatte gefragt, ob er sich auf den freien Platz neben ihr setzen dürfe.

Um das Vermummungsverbot machte sie sich keine Sorgen, das galt ihres Wissens nach nur auf Demonstrationen.

Björn und Andy Krauß bestiegen den Zug wieder, Regine war sich dessen zumindest relativ sicher. An die eingeschränkte Sicht durch das Netz vor ihren Augen hatte sie sich noch nicht ganz gewöhnt.

Auf Höhe Lüneburg erreichte Björn ein Telefongespräch. Peter Glasow, gerade auf dem Beifahrersitz in Peter Himmels Opel Kadett, ebenfalls auf dem Weg nach Hamburg, teilte die Ergebnisse der Nachforschungen mit, deren Durchführung er delegiert hatte.

Klavierkabarettist Manni, mit bürgerlichem Namen Manfred Dinkens, wurde zwei Wochen nach dem Blauen Kaktus-Wettbewerb von seiner Schwester als vermisst gemeldet. Das war und ist der aktuelle Stand.

»Immerhin kennen wir seinen derzeitigen Aufenthaltsort«, feixte Glasow. »Die Schwester wird ihn bald wiedersehen. Da sorgen wir schon dafür. Mit eingeschränkter Sicht, durch Gitterstäbe, haha.«

Glasow schien es gut zu tun, mal aus der Stadt herauszukommen. Zumindest ihm selbst bereitete das, was er für Humor hielt, viel Freude.

Sie verabredeten ein weiteres Telefonat am Abend und verabschiedeten sich.

Obwohl sie die Vorhänge in ihrem Abteil zugezogen hatten, um nicht gestört zu werden, bekamen sie doch ab und an nach Bahnhofsstopps Besuch.

Wieder öffnete sich die Schiebetür, ein Teenager mit Justin-Bieber-Pilzhaarschnitt schaute herein. Er musterte wortlos die freien Sitze mit dem verstreuten Gepäck, sah sich die Insassen an und blieb mit offenem Mund halb im Abteil hängen.

»Ich kenn dich von YouTube!«, sagte er, starr auf Andy Krauß blickend.

»Geil, ich treff Andy Krauß. Mann, ich bin dein größter Fan.«

Krauß reagierte eher gelangweilt, da er diese Aussage schon öfter gehört hatte. Sie einigten sich auf ein Edding-Autogramm auf den Oberarm, dafür musste der Jüngling danach umgehend wieder das Abteil verlassen. Er fand die Vereinbarung fantastisch und versprach, Krauß in seiner Vorrunde »am allerallerlautesten« zuzujubeln. Offensichtlich war auch er wegen der Slam-Meisterschaften unterwegs.

43

Die Orientierung am Hamburger Hauptbahnhof fiel Andy Krauß traditionell schwer. An welchem Gleisende die Rolltreppe nehmen und oben nach links oder rechts, das wusste er im ersten Moment nie so genau. Selbst im vierzehnstöckigen Berliner Hauptbahnhof kannte er sich besser aus. Sie fragten eine ältere Dame, die zugleich hanseatisch-robust und vertrauenswürdig dreinblickte, nach dem Weg.

Nachdem sie den falschen Ausgang genommen und das Bahnhofsgebäude einmal zur Hälfte umrundet hatten, waren sie am Haupteingang angekommen. Sie vermuteten zumindest, dass es sich um den Haupteingang handelte, jedenfalls am größten Eingang, dem gegenüber des Deutschen Schauspielhauses.

Michel Abudhabi stand rauchend und sonnenbebrillt im leichten Regen und wartete, wie verabredet.

»Aaandy!«, rief er freudig erregt, als er Krauß erblickte, warf seine Zigarette mit ausladender Geste davon und schob ein überlautes »An meine Brust!«, hinterher.

Krauß ließ sich nicht lange bitten. Die Umarmung fiel innig aus, ohne einen Anschein von Homoerotik aufkommen zu lassen. Man kennt sich gut. Und irgendwann wissen beide, dass es genug ist. Es war genug.

»Wer sind die beiden Kasper?«, fragte Abudhabi, Björn und Kim abfällig musternd.

»Erkläre ich dir gleich«, erklärte Krauß.

»Hauptsache, sie haben Durst«, sagte Abudhabi und zog eine Flasche selbstgemixten Mexikaner aus seiner tiefen Manteltasche.

»Der Gast zuerst«, sagte er in seiner gewohnt höflichen Manier und hielt Krauß die Flasche unter die Nase.

Während dieser drei große Schlucke nahm, wehte die Hamburger Brise das Lied eines Straßenmusikanten herüber, der neben dem Taxistand auf dem Boden saß, eine Baskenmütze trug und darüber sang, Bäume zu verprügeln.

Mit einem »Aaaah« wie nach einem Liter Wasser nach dem Morgenlauf setzte Krauß ab und reichte die Flasche an Björn weiter, mit seiner dringenden Empfehlung im Blick, nicht abzulehnen.

»Hat es in Hamburg mal einen Großbrand gegeben?«, fragte Björn, als sie aus der U-Bahn stiegen.

»Ja«, antwortete Abudhabi überstürzt fachkundig. »Das war Achtzehnhundert-, warte ...«, er schnippste nachdenkend mit den Fingern, »Achtzehnhundertzweiundvierzig! Der Große Brand. Kein Zweifel. Du kannst mich alles fragen, ich bin Stadtführer, hobbymäßig. Warum willst du das wissen?«

»Nur, weil es sich in meinem Mund grade danach anfühlt«, sagte Björn.

Abudhabi fiel darauf nur eine Antwort ein: »Mädchen!«

Björn kam für ihn zunächst nicht mehr als Gesprächspartner in Betracht.

Sogar Kim bedachte Björn mit einem abschätzigen Blick. Auch sie hatte von der scharfen Mixtur aus Tomatensaft, Sangrita, Wodka, Tabasco und schwarzem Pfeffer trinken müssen und es gut überstanden.

Abudhabi erklärte detailliert und fachmännisch die Stadt um sie herum, während sie sich, mit einer unauffälligen Burkaträgerin im weitläufigen Schlepptau, dem *Haus 73* näherten, dem Festivalzentrum für die Slammer für die nächsten vier Tage. Es herrschte eine Mixtur aus Vorfreude, Angespanntheit, vorfreudiger Angespanntheit, angespannter Nervosität und blanker Angst, je nachdem, in welchen der vier Köpfe man hineinschaute. Noch konnte niemand ahnen, dass Abudhabi alsbald in Mitleidenschaft gezogen werden würde. Bei der anstehenden nächtlichen Kiezführung sollte er, da er es wagen würde, Frauen mit in die Herbertstraße zu nehmen, von einer aufgebrachten Prostituierten mit einer abgeschlagenen Sektflasche attackiert werden, was dazu führen sollte, dass er mit einem Gipsarm würde moderieren müssen. Gerade ihm, der auch nach nur zweistündigem Schlaf noch immer aus dem Stand Playgirl-covertauglich war, würde diese Entstellung schwer zu schaffen machen, doch im großen Kontext der anstehenden Ereignisse blieb sie doch eher eine Randerscheinung.

Die Slammers' Lounge befand sich direkt im Barbereich im Erdgeschoss, was bislang allgemein begrüßt wurde, berichtete Abudhabi. Auch die Slammasters' Conference, bei der traditionell am letzten Festivaltag müde über die Austragungsstadt des zweiten Folgejahres entschieden wird, sollte im *Haus 73* stattfinden.

Innen herrschte eine Stimmung wie bei einem lange erwarteten Familientreffen, wobei der Unterschied zu üblichen Familientreffen der war, dass sich alle Anwesenden gerne sahen. Die einzelnen Grüppchen, Ostwestfalen, Berliner, Österreicher, Deutschschweizer, Schwaben, Franken et cetera mischten sich wild untereinander, und der Lärmpegel überstieg mit Leichtigkeit die gedeckte Lounge-Musik. Ein großes Hallo schwappte Andy Krauß entgegen, als er den

Raum betrat, sein Weg zum Anmeldetresen zog sich dank überschwänglicher Umarmungen in die Länge. Björn wich pflichtgemäß nicht von seiner Seite, auch die allseits freudige Atmosphäre konnte seine Aufregung, die sich mit Betreten des Hauses plötzlich eingeschaltet hatte, nicht zügeln. Er spürte die Pistole in seiner Jackeninnentasche pochen. Krauß bekam am Empfangstresen eine Papiertüte mit Fahrkarten, Sponsorenbeigaben und dem Programm und den Schlüssel zu seinem, zu ihrem Doppelzimmer gereicht. Björn würde natürlich sein Zimmerpartner sein. Die Sexualität musste ausnahmsweise hinten an stehen. Sie mischten sich wieder unters Volk und gesellten sich zu Franz und Frau Line, die sie an der Bar sitzen sahen. Kim war ihnen bereits zuvor gekommen und hatte sich zu ihnen gesellt. Andy Krauß bestellte vier Astra, erhöhte die Bestellung auf fünf, als er Sadrick Palmen zwischen zwei älteren Österreichern erblickte und ihn daraufhin zu sich winkte. Sadrick Palmen kam, sah und steckte sich eine Zigarette in seinen akkurat getrimmten Bart. Wie viele andere Slammer war er ohne Nikotinsucht gar nicht vorstellbar. Er hatte es sich sogar angewöhnt, regelmäßig einen früheren Zug zu nehmen, um auf Unterwegsbahnhöfen auszusteigen und eine Stunde lang zu rauchen, bis der nächste kam. Ohne größere Emotionalitäten setzte er sich auf einen freien Barhocker und setzte zu einer Erzählung an, die er wie üblich mit »Also pass auf, dat war nämlich so« einleitete. Wenn man nicht genau hinhört, könnte man seinen Redefluss mit einem knatternden Moped verwechseln, dachte Kim. Palmen erzählte von einem aufregenden Erlebnis auf einer kürzlichen Schweiztour, ohne sich in Tonfall oder Mimik Aufgeregtheit anmerken zu lassen. Krauß hörte fasziniert zu, was ihm abrupt leichter gemacht wurde, da alle anderen Gespräche um sie herum mit einem Schlag verstummten.

Mischa Violett hatte den Raum betreten. Björn sah ihn aus seinen Augenwinkeln leuchten und wendete sich ihm fasziniert zu. Im ersten Moment hatte er ihn für Captain Jack Sparrow gehalten, doch Violetts Aufmachung schlug die des metrosexuellen Piraten um Längen. Er trug grüne Knickerbockers aus Cord, karierte Kniestrümpfe, ein fast bis zum Bauchnabel ausgeschnittenes, labbriges Shirt, das seine zahlreichen verschnörkelten Tätowierungen offenbarte, und einen Umhang aus rotem Samt. Seine gekrausten Haare fielen schief vom Kopf bis auf Hüfthöhe. Zur Begrüßung schwang er seinen Gehstock mit dem goldenen Knauf voran durch den Raum.

»Er ist etwas exzentrisch, seit er bei einem großen Verlag untergekommen ist«, erklärte Krauß Björn, bevor er sich zusammen mit Palmen zur Begrüßungsaudienz begab. Björn dackelte hinterher, wie es nun seine Aufgabe war.

Auf dem kurzen Weg fielen ihm Dorian Kieslig, Richart N. Streit und Hanna Tanner auf, die er bislang noch nicht entdeckt hatte. Die geschätzt hundert anderen kannte er entweder nicht oder nur vage aus Internetvideos oder von ihren Myslam-Profilen. Mischa Violett hielt ihm die Hand entgegen. Björn war sich nicht sicher, ob er niederknien und einen seiner Ringe küssen oder einfach nur danach greifen und schütteln sollte. Die Entscheidung wurde ihm abgenommen, als Violett ihn an sich zog und ihm einen Kuss auf jede Wange drückte. Er ist ein sehr emotionaler Mensch.

»Was hast du denn einstecken? Ne Knarre?«, fragte er, als sie sich wieder gelöst hatten.

Für diese Situation hatte sich Björn keine Antwort zurechtgelegt.

»Ja, ne Knarre«, antwortete Andy Krauß stellvertretend. »Bjarne ist mein Bodyguard.«

Er überließ es Violett, ihm zu glauben oder nicht. Dieser war aber mittlerweile gar nicht mehr an dem Thema interessiert, da Frau Line ihm um den Hals gefallen war und ihm einen innigen Begrüßungskuss gab. Björn fühlte eine leichte Form von Eifersucht in sich heranwachsen und verdammte den offenherzigen Umgang der Slammer untereinander zum ersten Mal. Teilweise grenzt das doch alles an Künstler-Inzucht, dachte er.

Um seinen Blick abzulenken, nahm er ein Programmheft in die Hand. Die Vorrunde von Andy Krauß stand noch an diesem Abend an.

Regine hatte sich auf dem Bordstein gegenüber dem *Haus 73* niedergelassen und beobachtete scharf. Dank der Schaufensterfront und der anbrechenden Dämmerung konnte sie manches erkennen, was sich im hell beleuchteten Inneren tat. Was sie nun genau zu sehen hoffte, wusste sie selbst nicht genau, aber sie fand ihr Tun gerade ungeheuer aufregend. Etwas landete in ihrem Schoß.

Sie sah nach oben, ein ältlicher gebräunter Herr mit weißem Sommerhut nickte ihr freundlich zu.

Sie sah nach unten. Er hatte ihr einen Euro zugeworfen. Was für ein Arschloch! Sie wollte schon aufspringen, dem Mann hinterherrennen und ihm ordentlich in den Arsch treten, besann sich dann aber auf ihre Aufgabe und blieb stumm und sitzen.

Als kurz danach 20 Cent in ihrem Schoß landeten, war sie eher wegen der Höhe des Betrags erzürnt, und als einige Passanten ihr gar kein Geld gaben, verfluchte sie die Geizigen leise unter ihrem Schleier.

Mit der Rolle der Bettelmuslima hatte sie sich kurz später abgefunden. Sie hatte 8,91 Euro zusammen, als sie nach einer Stunde aufstehen musste. Es tat sich etwas auf der anderen Straßenseite.

44

Andy Krauß war in Vorrunde 2 gelost worden. Das bedeutete, dass er sich nun zum ersten Mal auf der Bühne exponieren, sich in die vermeintliche Schusslinie begeben musste. Zwar rechnete niemand damit, dass Krauß schon in der Vorrunde ausscheiden könnte. Auch der, wie soll man sagen, Mörder und Attentäter in Personalunion war nach allen Anzeichen nach vom Fach und sollte das wissen. Doch dies war nun einmal seine erste und auch sicherste Chance, Krauß auf der Bühne zu erwischen. Die These, der Anschlag würde nicht hinterrücks sondern vor aller Augen geschehen, war mittlerweile auch von einem sogenannten Profiler des Dezernats Dortmund gestützt worden, der sich mit dem Fall befasst hatte, einem gewissen Herrn Schmitt, der mit Björn auf einer Wellenlänge lag, zumindest telefonisch.

Mit jedem Weiterkommen bekam nicht nur Krauß, sondern auch sein Verfolger eine größere Bühne, ein größeres Publikum, mehr Ruhm und Anerkennung, da waren sie sich einig.

Doch waren dies alles nur Theorien, die nicht nur von Himmel und Glasow mit einem hochnäsigen Stäuben beiseite gewischt wurden, man konnte nun mal nicht in das Hirn des Mörders eindringen. Noch nicht, vielleicht würde die Pathologie bald die Chance darauf bekommen.

Die Vorrunde 2 fand im *Uebel & Gefährlich* statt, dem Club, in dem der Münchner Slam noch immer augenzwinkernd mit einem Rasierklingengrafitto gegrüßt wurde, obwohl der Zwist um die Vorherrschaft im Wettbewerb um den größten Slam Europas mittlerweile beigelegt worden war. Man hatte sich außergerichtlich einigen können, ja, ging mittlerweile sogar freundschaftlich miteinander um. Ein geheimes Treffen zwischen Michel Abudhabi und Tobi Tanzski hatte alle Zwistigkeiten aus der Welt geschafft, weitere Details waren nicht durchgesickert. Dass beide schwere schwarze Aktenkoffer bei sich trugen und das Treffen auf neutralem Terrain genau in der Mitte der beiden Metropolen stattfand, konnte aber als sicher gelten. Es ist immer eine gute Idee, derlei Verabredungen »in der Mitte«, also meistens, und wie in diesem Fall auch, in Kassel durchzuführen. Den ersten Konsens muss man zwangsläufig direkt am Anfang erreichen, wenn man aufeinandertrifft und sich über die unzweckmäßige Konstruktion des ICE-Bahnhofs Kassel-Wilhelmshöhe austauscht.

Als symbolischen Akt der neuen Einigkeit und Liebe zwischen den Slamriesen München und Hamburg begleitete Kai Glatzlack die Vorrunde 2 an den Turntables.

Andy Krauß hatte Björn kurzerhand als Slammaster nachgemeldet, wodurch auch er in den Genuss einer Vorzugsbehandlung und eines Teilnehmerbändchens kam. Der Zugang zum Backstagebereich war also eine Leichtigkeit. Kim musste sich zwangsläufig mit ihrer Beobachterrolle zwischen den Zuschauern abfinden, die sie zum Besten nutzte, indem sie sich an die Bar stellte und darauf wartete, dass ihr ein netter Mann ein Getränk ausgeben würde. Nur alkoholfreie, zunächst.

Sie schlürfte ihre zweite Cola, sah wachsam um sich, um etwaige Unregelmäßigkeiten zu registrieren, und konnte doch ihren Neid auf Björn nicht ganz abstellen, erstens im

Backstagebereich und zweitens ständig in der Nähe von Andy Krauß zu sein. Zuletzt hatte sie diese Art irrationaler Verliebtheit im Alter von 17 erlebt, als sie einen Kleinkriminellen namens Marco angehimmelt hatte, der ihr stets die neue H&M-Kollektion auf unkonventionelle Weise beschafft hatte. Sie hatte eben eine Schwäche für schwierige Fälle und für die »Gegenseite«.

Anders als die Besetzung der Vorrunden, die Wochen vorher im Internet publiziert worden war, wurde die Reihenfolge der Auftritte *in* der Vorrunde erst wenige Minuten vor Veranstaltungsbeginn im Backstageraum ausgelost.

Björn konnte sich nicht recht entscheiden, was er faszinierender finden sollte. Da war der Ausblick auf die nächtlich erleuchteten Dächer Hamburgs aus dem Panoramafenster im vierten Stock. Und da waren zehn Slammer, die vor Nervosität ihre Fingerkuppen abknabberten, alleine so viel rauchten wie das Altkanzlerpaar Schmidt selig, kleine und große Kreise mit Blick auf ihre Schuhe liefen oder auf ihre Netbooks einhämmerten, als müssten sie ihre Memoiren bis Mitternacht fertig bekommen. Andy Krauß saß vor einem der Schminkspiegel und sah sich in die Augen. Es war eine spannende, eine angespannte, eine aufgeladene Atmosphäre, in der er nur Gast war – und aus gänzlich anderen Gründen elektrisiert.

Endlich betraten die Moderatoren den Raum, Rolf Hodenkrampf und Stefan Dörsam. Hodenkrampf, ein Vertreter der gereiften Generation, sah zunächst irritiert um sich, als wüsste er nicht, ob er sich bei der richtigen Veranstaltung befand, schob dann seine Brille mit dem Zeigefinger ein Stück die Nase nach oben und klatschte in die Hände.

»Wir losen jetzt aus, nä? Wen's interessiert, der kann zuschauen. Und immer dran denken: Se Points are not se point! Se Point is Poetri! Nä!« Seine Brille rutschte wieder ein Stück nach unten.

Andy Krauß kaute bedächtig auf einem Keks und wendete den Kopf von seinem Spiegelbild ab in Richtung des Huts, den Dörsam auf dem Tisch platzierte. Es stellte sich Ruhe ein, ein seltenes Erlebnis unter Slammern außerhalb eines Veranstaltungsraums. Stefan Dörsam griff in den Hut, sagte »das ist keine Probe, das zählt jetzt«, und zog das erste Los.

»Den ersten Startplatz bekommt …«

Niemand im Raum atmete. Björn blickte auf zwölf Gesichter, in denen ANGST geschrieben stand. Ein erster Startplatz in einer Zwölfer-Vorrunde hat zu 99 Prozent keine Chance auf den Halbfinaleinzug. Egal, wie locker man die ganze Sache das ganze Jahr über nimmt, bei dieser einen einzigen Gelegenheit kann man sich in die Geschichtsbücher und die Wikipedia katapultieren. Das kann an die Nerven gehen.

»… Moritz Bienenbang.«

Großes Aufatmen.

»Das kann nun aber nicht ganz stimmen«, sagte Andy Krauß.

»Wieso? Wie? Is der nich hier oder wat?«, fragte Hodenkrampf.

»Nee, der liegt in Bamberg im Koma.«

»Ahaaa«, sagte Hodenkrampf nachdenklich und rückte seine Brille erneut auf die Nase.

»Na denn, gute Besserung! Wat machen wa denn nu?«

»Ich male ihm gleich eine hübsche Karte, da können später alle drauf unterschreiben. Ansonsten ziehen wir weiter«, sagte Dörsam. »Erster Startplatz: Mo Schimmer.«

»Der ist auch nicht da«, sagte Krauß, »der ist bei Moritz am Krankenbett. Da wohnt er jetzt, glaube ich.«

»Aha«, sagte Hodenkrampf wieder. »Is denn sonst noch jemand an irgendwelchen Krankenbetten, haben wa hier nur Lose von Scheintoten und Pflegekräften?«

»Der Rest ist anwesend«, mischte sich Björn ein, der den Rundenplan vor sich hatte.

»Danke«, sagte Hodenkrampf, ohne den Kopf zu wenden.

»Erster Startplatz: Sebastian Rehmann«, verkündete Dörsam.

»Och nöööö«, jammerte Rehmann aus der Ecke des Raumes und verschwand sogleich auf dem Klo, um etwas zu weinen.

Andy Krauß wurde auf Position acht von nun mehr nur noch zehn statt zwölf gelost, womit nun auch niemand mehr ernsthafte Zweifel an seinem Halbfinaleinzug hatte.

Zurecht. Die vier Bestplatzierten kamen eine Runde weiter, auf der Anzeigetafel stand Krauß knappe 90 Minuten später auf Platz 2, nur Bill Reimers hatte sich vor ihm platzieren können. Besondere Vorfälle: Keine, davon abgesehen, dass Peter Himmel einen halben Caipirinha auf sein Hemd bekommen hatte, von einer Frau, die über ihre Burka gestolpert war.

45

»Morgen ist es dann so weit, oder?«, fragte Andy Krauß, als Björn und er ihr großzügiges Zimmer betraten. Balkon, Schreibtisch, berührungsempfindliche Tischlampe, Sitzecke mit zwei Sesseln, ein Doppelbett aus schwerem Eichenholz, Bad und WC ensuite, mit Badewanne *und* Dusche.

»Wir rechnen damit«, sagte Björn und verfolgte, wie Andy Krauß eine Plastiktüte und einen Gummiring aus seinem Rucksack zog, auf das Bett stieg und den Rauchmelder sorgfältig abdichtete. Danach streifte er sein übergroßes T-Shirt ab und zog die kugelsichere Weste aus.

»Zigarette?«, fragte er.

»Gern«, sagte Björn.

Sie nahmen sich kleine Biere für großes Geld aus der Minibar und in den Sesseln ihrer Sitzecke Platz. Eine Zigarre wäre dem Ambiente angemessener gewesen. Abudhabi hatte sich nicht lumpen lassen und befreundeten Slammern Oberklassezimmer beschafft. Natürlich kam der Hauptsponsor dafür auf.

»Showdown im Deutschen Schauspielhaus, das ist nicht schlecht«, sagte Krauß nachdenklich, während er sich und Björn Feuer gab.

»Naja, außer wenn er mich erwischt, dann ist es ein bisschen schlecht. Wäre aber ein guter Abgang, nicht?«

»Niemand erwischt dich, wir passen schon auf«, sagte Björn bestimmt, fragte sich aber im Stillen, ob er sich damit nicht nur selbst Mut zusprechen wollte. Eine Garantie konnte er Krauß jedenfalls nicht ausstellen, genauso wenig wie einen Metalldetektor aufstellen, durch den alle 1200 Zuschauer gehen sollten. Er hatte sich kundig gemacht.

»Eine bessere Gelegenheit bekommt er nicht, und wir genauso wenig, mehr weiß niemand. Mach dir keine Sorgen, wir haben alles unter Kontrolle.«

Zwanzig Stunden später sollte diese kühne These falsifiziert werden.

»Ich weiß ja, ihr tut euer Bestes«, sagte Krauß, »und wenn es schief geht, also, ich meine, ich lebe eh seit ich 14 bin so, dass jeder Tag auch gerne mein letzter sein könnte, weißt du? Das, wovon alle reden.«
»Carpe diem.«
»Und carpe noctem.«
Björn reflektierte kurz darüber, ob er das Gleiche von sich selbst behaupten konnte. Er entschied sich für nein, aber auch dafür, auf einem guten Weg zu sein.
»Das ist ja so«, fuhr Krauß fort, »wenn so ein Bürofritze so einen Spruch über seinem Schreibtisch hängen hat, dann nehme ich ihm das nicht so ganz ab. Der versteht das vielleicht so, dass er möglichst viele Kunden pro Tag anrufen und belästigen muss. Aber ich mache *wirklich* nur, worauf ich Lust habe. Wenn ich mal wegfliegen will, nehme ich den nächsten Zug zum Flughafen und plane nicht für die Sommerferien in zwei Jahren. Morgen kann ich immerhin schon tot sein. Das sage ich zwar öfter mal, aber grade passt es sehr gut.«
Björn lächelte Krauß zu und bekam einen verträumten, sehnsuchtsvollen Blick. Vielleicht nahm er manche Dinge manchmal zu ernst. »Manche Dinge« waren dabei in der Hauptsache seine Karriere.
Der Radiowecker zeigte 2:24 Uhr an, als sie zu Bett gingen.

Das Licht ging aus. Regine war zufrieden. Björn hatte sich an keine andere herangemacht und verbrachte die Nacht mit einem Mann. Das war für sie gefahrlos. Nachdem sie Björn und Andy Krauß bis vor die Zimmertüre gefolgt war, hatte sie vor dem Hotel Stellung bezogen und das Fenster beobachtet. Ihre Burka hatte sie zwischenzeitlich abgelegt. Erstens, weil sie befürchtet hatte, in der Dunkelheit von Autos oder Fahrrädern übersehen zu werden. Zweitens war es doch sehr kühl geworden. Nun trug sie eine aus der Mode gekommene dicke weiße Jacke von *Helly Hansen*, eine blaue Wollmütze mit Bommel und einen gelben Schal, den sie selbst gestrickt hatte. Das Stricken hatte sie sich durch das Ansehen von Lehrvideos auf YouTube spät selbst beigebracht, da sie dachte, eine gute Hausfrau müsse auch mal was stricken können. Sowieso war sie gut gerüstet für ihre Lebensaufgabe als Hausfrau und Mutter, die sie sich spätestens seit ihrer Volljährigkeit herbeisehnte. Momentan mangelte es lediglich an einem Mann. Sie würde Björn die Flausen aber schon aus dem Kopf treiben und ihn für sich zurückgewinnen, dafür war sie ja schließlich hier und saß nachts um halb drei der Straße abgewandt auf einer Bank ohne Lehne. Sie entschied, noch eine Weile zu warten, vielleicht würde das Licht wieder angehen.

»Hey, brauchst du was?«, wurde sie von hinten angequatscht.

»Wir kaufen nichts«, antwortete sie aus Gewohnheit auf die aufdringliche Frage.

Sie drehte sich nicht um, in der Hoffnung, der Mann würde anstandslos weitergehen und sie in Ruhe lassen. Dem war nicht so. Er setzte sich neben sie.

»Ich bin Ingmar«, sagte er.

Regine reagierte nicht. Das war seit jeher ihre Taktik, um unliebsame Gesprächspartner loszuwerden.

»Ich kann dir was geben«, sagte Ingmar.

Regine sagte nichts.

»Ich bin Ingmar«, sagte Ingmar wieder. »Vielleicht kennst du meinen Bruder? Ingo? Ingmars Bruder Ingo, klingt geil, oder?«

Regine drehte ihm den Kopf zu, blieb aber stumm. Zumindest sah er nicht sonderlich stark aus. Zur Not würde sie ihn mit ihren Kenntnissen aus dem Selbstverteidigungskurs für junge, selbstbewusste Frauen in die Flucht schlagen können. *Auf die Hoden zielen*, wiederholte sie das Mantra im Kopf.

»Ich wollte mal ein Plattenlabel so nennen, *Ingmars Bruder Ingo*, oder umgekehrt. Aber die Band war dann doch nicht so geil, also die von Ingo, Ingos Band, verstehst du? Und ne andere Band hatte ich nicht. Also willst du was oder nicht?«

Auf die Hoden zielen. Oder einfach aufstehen und gehen. Wäre eigentlich die einfachste Möglichkeit. Sie hatte sich ein Zimmer in dem Hotel genommen, das sie beobachtete, in Björns Hotel, leider war auf seiner Etage nichts mehr frei gewesen. Aber es war noch zu früh, um abzuziehen. Es könnte sich noch etwas tun.

»Jetzt sag mir doch, wie du heißt«, sagte Ingmar. »Ich hab gute Sachen für dich.«

Regine entschied sich, zum Schein auf ihn einzugehen und ihn in die Irre zu führen: »Ich heiße Regina.«

Ha, das hat gesessen, dachte sie, ich habe ihm einen falschen Namen untergejubelt.

»Ich habe einen ganzen Kofferraum voll guter Sachen«, sagte Ingmar.

»Was denn zum Beispiel?«, fragte Regine.

»Was zum Draufkommen, was zum Draufbleiben, was zum Runterkommen, was du magst, ich habe alles.«

Regine war schockiert. Auf offener Straße wurden ihr noch nie Drogen angeboten. Das kann es nur in der Großstadt geben, ein Sündenpfuhl ist das hier. Andererseits: Was zum Runterkommen wäre jetzt vielleicht nicht schlecht.

»Hast du auch ganz normale Schlaftabletten?«, fragte sie.

»Ja natürlich«, sagte Ingmar erfreut. »Ich bin eine mobile Apotheke.«

»Auf homöopathischer Basis?«

»Ähm, ja.«

Regine dachte nach.

»Nee, lass mal, das ist mir doch alles ein bisschen zu dubios, hier nachts auf der Straße und so.«

»Okay, dann machen wir das so«, sagte Ingmar, »ich gebe dir was umsonst. Das mache ich wirklich nicht bei jeder. Und wenn du mal wieder was brauchst, rufst du mich an. Hier ist meine Karte.«

Regine nahm die Karte entgegen:

Ingmar
(Ingos Bruder)
Telefonino: xxxx xxxxxxx

Ingmar griff in seine Innentasche und zog ein kleines Plastiktütchen mit vier Pillen hervor.

»Das kostet eigentlich zwanzig Euro«, sagte er, »das sind sehr gute Schlaftabletten.«

Regine nahm das Tütchen, bedankte sich und steckte es ein, ohne die Absicht, es jemals zu öffnen.

Einen Augenblick später war Ingmar verschwunden.

Regine entschied, die Observation für heute zu beenden und ging auf ihr Zimmer, unter die dicke Daunendecke.

46

Das Telefon klingelte um 4.50 Uhr. *Düdüp-Didüp. Düdüp-Didüp.* Peter Himmel schreckte auf und griff sich reflexhaft an die Hüfte, wo er zu seinem Erstaunen keine Dienstwaffe vorfand, sondern den ausgeleierten Bund seiner Unterhose. *Düdüp-Didüp.* Er begriff, wo er sich befand, knipste das Leselämpchen am Kopfende seines Hotelbetts an – *Düdüp-Didüp* – und nahm den Hörer ab.

»Himm-khm-mel.«

»Wake Up Call!«, flötete eine muntere Frauenstimme, die ihm sofort zuwider war. »Es ist vier Uhr fünfzig. Sie wollten geweckt werden.«

Himmels Mund klappte auf. Er hatte schlecht geschlafen und keine Lust auf morgendliche Aktivitäten.

»Sind Sie wach?«

»Jaja«, sagte er und legte auf. Er raffte sitzend die Bettdecke um sich wie einen Schwimmring und schnaufte einige Male tief durch.

»Mit dem ersten Hahnenkrähen sollst du aus dem Bette gähen«, raunte er vor sich hin, schob sich aus dem Bett und schlurfte ins Badezimmer.

Frisch geduscht und mit herbem Männerduft besprüht trat er fünfzehn Minuten später heraus, gerade, als es rhythmisch an der Tür klopfte. Er öffnete.

Glasow stand vor ihm, ein blaues Matrosentuch um den Hals gebunden und eine Pfeife im Mund.

»Moin Moin, Peter«, begrüßte Glasow ihn gutgelaunt.

»Seit wann rauchst du Pfeife?«

»Ich rauche immer Pfeife, wenn ich in Hamburg bin.«
»Wann warst du denn das letzte Mal in Hamburg?«
»1983. Los los! Wir wollen doch den frischesten Fisch von allen!«

Himmel stellte erneut infrage, ob Glasow ihre Mission ausreichend ernst nahm. Aber am Vorabend hatte er immerhin zugestimmt, mit ihm in aller Früh auf den Fischmarkt zu gehen.

Es war 6 Uhr, als sie nach einer U-Bahn-Irrfahrt die richtige Haltestelle erreicht hatten und an den Landungsbrücken ausstiegen, noch ohne zu ahnen, dass ihr Ziel gar nicht existierte, da der Fischmarkt nur sonntags stattfindet.

Es war 6.06 Uhr, als Ingmar den Kofferraum seines Kombis öffnete, die Kartons an der linken Außenwand aufreihte und sich der Länge nach in sein sporadisches Bett begab, das seit drei Jahren sporadisch war.

Es war 6.10 Uhr, als sich Andy Krauß im Halbschlaf auf Björns Seite des Bettes wälzte und ihn mit seinem Arm umschloss. Björn kuschelte sich im Tiefschlaf an ihn und murrte zufrieden, träumte aber gerade von einer völlig anderen Person.

Es war 6.12 Uhr, als Regine es endgültig aufgab, ohne medikamentöse Hilfe einschlafen zu wollen. Sie stellte ihren Handywecker auf 10 Uhr und entnahm dem Plastiktütchen eine der Pillen.

Es war 12.32 Uhr, als das erste Tor fiel. Die deutsche Nationalmannschaft der Autoren spielte Fußball gegen eine internationale Auswahl von Poetry Slammern. Das Fußballspiel zu den Slam-Meisterschaften ist seit Jahren fester Bestandteil des Rahmenprogramms, diesmal fand es auf dem Heimspielplatz des SC Sternschanze statt, knapp 100 Zuschauer waren anwesend. Renato König war der Torschütze zum 1:0, er verwandelte per Kopfball nach einer Ecke. Zeitgleich erbrach sich Franz hinter die Bande. Er und einige andere hatten ihre Nachtruhe sehr kurz gehalten und waren noch nicht wieder ganz Herren ihrer Sinne.

Gleiches kann man von Regine behaupten, deren Sinne sich selbständig gemacht hatten, nachdem sie die vermeintliche Schlaftablette eingenommen hatte. Was es auch immer war, das sie da geschluckt hatte, an Schlaf war hinterher nicht mehr zu denken gewesen. Sie trug eine riesige, kantige Sonnenbrille, wie man sie von Prominenten kennt, die gerade aus dem Entzug heimkehren oder einen Schlaganfall überstanden haben, und ein seidenes Kopftuch mit Blumenmotiven. Sie rutschte nervös auf ihren Händen umher, ihre Pupillen zuckten hinter den schwarzen Brillengläsern im Stil eines nüsseknabbernden Eichhörnchens. Sie hörte ein konstantes Fiepen in den Ohren, sowieso war ihr der Tumult um sie herum sehr unangenehm, aber Björn stand nur drei Meter von ihr entfernt, das ließ sie ihren Zustand besser durchstehen.

Sie verstand die kreativen Fangesänge der Slam-Anhänger nicht, nicht weil sie nicht deutlich artikuliert gewesen wären, sie hatte lediglich lautere Stimmen in ihrem Kopf.

»WIR HABEN GESTERN GESOFFEN UND GEFICKT, IHR HABT NUR VERLAGSPOST VERSCHICKT!«

Björn befand sich pflichtgemäß neben Andy Krauß, beide stützten sich von außen auf die Bande, stocherten in ihren Currywürsten herum und verfolgten das Spiel eher desinteressiert. Die Situation war Björn von Regines Spielen her wohlbekannt. Sie bemerkte er jedoch nicht, ebenso wenig wie den Mörder, der sich etwa in gleicher Entfernung befand.

*»GOETHE, GRASS UND HEMINGWAY,
HOCHKULTUR IST SUPERGAY!«*

Das Spiel endete 8:6 nach Elfmeterschießen, die Slammer hatten gewonnen. Immerhin ein Grund zur Freude für den Großteil der Mannschaft, der sich schon aus dem Wettrennen um den Titel des deutschsprachigen Poetry Slam-Meisters verabschiedet hatte. Am Abend standen die Halbfinals des Einzelwettkampfes an.

47

Es war 20.50 Uhr, als Regine mit einem Regenschirm auf Frau Line einschlug. Wie sie durch belauschte Gespräche auf den Zuschauerrängen des Fußballplatzes herausgefunden hatte, war sie die Schlampe gewesen, wegen der Björn sie hatte sitzen lassen. So hatte sie es sich zumindest zurecht gelegt. Und das musste gerächt werden!

Sie hatte Frau Line in einer Seitenstraße auf dem Weg zu ihrem Halbfinale abgepasst, dem gleichen Halbfinale, in das auch Andy Krauß gelost wurde. Da es seit dem Nachmittag konstant aus einem grauen Himmel nieselte, hatte sie sich keine Gedanken über die Tatwaffe machen müssen. Sie hatte die Sache mit den Gedanken ohnehin größtenteils aufgegeben, sie blitzten ohne ihr aktives Zutun unvermittelt in ihrem Kopf auf und schrien nach sofortiger Vollstreckung. Regine war von sich selbst ferngesteuert.

Seit 37 Stunden war sie mittlerweile wach, sie hatte noch eine Tablette nachgeworfen, als sie zwischenzeitlich befürchtet hatte, den Abend zu verschlafen. Wenn Björn es mit einer Anderen treibt, dann ja wohl abends! Das ist Logik.

Die Niederstreckung Frau Lines löste für sie zwei Probleme auf einmal. Nun hatte sie auch ein Teilnehmerarmbändchen und konnte ungehindert in die Katakomben des Deutschen Schauspielhauses spazieren, um in Björns Nähe zu sein und auf ihn aufzupassen. Als Verkleidung hatte sie sich diesmal für eine schwarze Perücke entschieden, deren

Pony ihr halb über die Augen fiel. Dazu ein Lippenstift mit einer für sie unüblichen Farbe, karminrot.

Sie zog Frau Lines Körper in einen Hinterhof und bedeckte ihn mit einer Regenplane, die zuvor Gartenmöbel vor Niederfällen hatte schützen sollen. Die Gartenmöbel trafen Regines Geschmack nicht. Für Björn und sich stellte sie sich etwas mit mehr Schnörkeln vor.

Es war 21.05 Uhr, als Björn und Andy Krauß in der Kantine des Deutschen Schauspielhauses eintrafen. Das Halbfinale sollte um 22.30 Uhr beginnen, die Teilnehmer um 21.30 Uhr hinter der Bühne eingewiesen werden. Peter Himmel, Peter Glasow und Kim erwarteten sie an einem der Tische.

Himmel und Glasow aßen endlich Fisch, genauer: Pangasius-Filet aus einer vietnamesischen Aquakultur. Immerhin Fisch. Mit Kartoffelsalat.

»Na endlich, Kevin Costner und Whitney Houston sind auch da«, begrüßte sie Peter Glasow noch kauend.

Krauß und Björn sahen sich verständnislos an.

»Sie wissen schon. Bodyguard. Der Film?«

»Peter, du überraschst mich immer wieder aufs Neue«, sagte Himmel.

Glasow kicherte in sich hinein. Sein Gesicht hatte durch den tobenden Wind eine gesunde Röte angenommen. Björn und Krauß setzten sich. Kim entging nicht, dass Krauß nicht den Stuhl neben ihr wählte. Sie konnte die Tränen, die plötzlich sturzbachartig aus ihr heraus wollten, aber geschickt vor den anderen verbergen. Hilfreich dabei war, dass sie gar nicht erst beachtet wurde.

»Sie tragen Ihre Weste?«, fragte Himmel.

»Ich habe mich schon an sie gewöhnt«, sagte Krauß, »kann ich sie danach vielleicht behalten?«

»Meinetwegen«, sagte Himmel barsch. Seine Humorverträglichkeit hatte sich seit dem enttäuschenden Morgen nicht gerade ausgedehnt.

»Also, Kollege Hahne, zum Schlachtplan«, fuhr er fort, »Sie bleiben an ihm kleben, wie gehabt. Bis er auf die Bühne geht, dann geht das ja nicht mehr. Die Seiteneingänge der Bühne werden mit Kollegen besetzt sein, die können zur Not mit Ihnen zusammen einschreiten. Kollege Glasow und ich haben reservierte Plätze in der ersten Reihe, wir werden also ebenfalls schnell reagieren können. Herr Krauß, Sie sind quasi sicher wie das Küken in der Schale.«

Ein klasse Vergleich, dachte Krauß, so eine Schale hält ja auch enorm was aus.

Kim räusperte sich. »Hä-khm, und, ähm, ich?«

Ohne Sie direkt anzureden, fuhr Himmel fort: »Kollegin Kim sitzt oben, zentral auf dem ersten Balkon, und behält den Überblick. Ein Dutzend weitere Kollegen wird sich unauffällig unters Publikum mischen. Ich habe sie schon, äh, wie heißt das?«

»Gebrieft?«, schlug Björn vor.

»Instruiert«, vollendete Himmel. »Höchste Wachsamkeit ist geboten. Es geht um Leben und Tod. Wir kriegen den Drecksack heute.«

Kim war sich nicht ganz darüber im Klaren, ob sie die Sinnhaftigkeit ihrer Aufgabe, vom Balkon aus den Überblick zu behalten, nur nicht erkannte oder ob sie gar nicht bestand. Sie würde sich ein Opernglas organisieren.

»Wir werden permanent in Funkkontakt stehen«, erklärte Himmel die Mission weiter. »Die Maske haben wir zur technischen Zentrale umgerüstet, zweiter Stock. Dort bekommen Sie so einen Knopf für ins Ohr und ein Mikro, das quasi gar nicht da ist, so klein ist das. Verstanden?«

Nicken reihum.

»Ich werde mir auch mal so einen Fisch holen«, sagte Krauß und stand auf. Kim erhob sich wie ferngesteuert und ging ihm hinterher.

»Ich übernehme mal kurz für dich«, sagte sie im Abgehen zu Björn.

»Ich hatte auch schon besseren Fisch«, steuerte Glasow bei.

48

Vom Zuschauerraum des Deutschen Schauspielhauses aus betrachtet, befinden sich direkt rechts neben der Bühne die mit Schminkspiegeln und Spinden ausgestatteten Garderoben, ein Stockwerk höher die Maske und die Duschen. Direkt links der Bühne befindet sich ein großer Lagerraum für Requisiten und auch die Monitore, die aus drei Blickwinkeln die Bühne zeigen. Verlässt man den Lagerraum in die dem Zuschauerraum zugewandte Seite, gelangt man ins Foyer, verlässt man ihn in die andere Richtung, durch zwei schwere Brandschutztüren und das Treppenhaus, gelangt man in einen Aufenthaltsraum mit großer Tafel, kleinem Fernseher und einer Raucherbar, bestehend aus zwei Tresen unter einer gewaltigen Abzugshaube.

Es war 21.40 Uhr, als Michael Abudhabi mit seiner heil gebliebenen Hand seine Zigarette ausdrückte und den anwesenden Halbfinalteilnehmern – Franz, Theresa Baal, Astrid Fasler, Marvin Tupper, Renato König, Franziska Holzleimer, Pierre Zahnwaran, Richart Streit und Andy Krauß (nebst Björn) – eine knappe Anweisung gab: »Mitkommen!«

Das Fehlen von Frau Line wurde toleriert. Noch war genug Zeit und jeder kann mal trödeln. Abudhabi erklärte den Ablauf der Auftritte:

»Wie ihr seht, befinden wir uns im Moment *hinter* der Bühne. Wenn ihr einen Vorhang erwartet, den gibt es nicht. Aber da gibt es diese Leinwand vor uns, dahinter befinden sich also die Zuschauer, und da dürft ihr eure Gedichte aufsagen. Verstanden? Wenn ich euch ansage, erscheint euer Name drei Mal so groß wie ihr auf der Leinwand und ein bisschen Musikgedröhne geht los, ihr lauft cool auf die Leinwand zu, sie hebt sich wie von Zauberhand und, Zack, steht ihr am Mikro. Da warten 1200 Leute auf euch. Alles klar?«

Für einige der anwesenden Slammer war dies der größte Auftritt ihrer bisherigen Karriere, es breitete sich vorfreudiges und ängstliches Kribbeln in ihnen aus. Franz zerdrückte unbewusst seine Dose in der Hand.

»Geile Sache«, sagte Andy Krauß zu Björn. »Hab ich richtig Bock drauf.«

»Auslosung ist zwanzig Minuten vor Beginn, zehn nach zehn im Raucherraum«, verkündete Abudhabi. »In anderen Worten: gleich!«

Dass der Killer sich bereits jetzt im Zentrum des Geschehens befand, konnte niemand ahnen.

49

Nach einem unbeabsichtigten Abstecher in einen Maschinenraum war Regine neben der Bühne angekommen. Die Gänge waren doch sehr verschlungen. Den sehr simpel gehaltenen vierstelligen Code für die Tür in den dem Publikum verborgenen Bereich des Theaters hatte sie an der Kantinentheke erfragt, wobei sie ihr Teilnehmerbändchen der Bedienung fast ins Auge gedrückt hatte.

Sie hatte die Instruktion der Teilnehmer aus sicherer Distanz heraus beobachtet, war nach Abschluss schließlich der Raucherfraktion gefolgt und hatte sich in eine dunkle Ecke des Requisiten- und Kontrollraums verzogen. Nur der vordere Teil dieses Raums war beleuchtet, also war sie nicht sichtbar für die Halbfinalteilnehmer und die Mitarbeiter des Theaters, die den Raum in steter Regelmäßigkeit durchqueren. Auch Björn hatte sie schon drei Mal gesehen. Jedes Mal musste sie sich zurückhalten, um ihm nicht etwas zuzurufen, wobei sie sich auch nicht sicher gewesen wäre, was denn der Inhalt ihrer Botschaft hätte sein sollen. Sie schwankte zwischen Liebes- und Hassbekundungen, die ihre innere Stimme ihr abwechselnd aufsagte. Mittlerweile hatte sie eine dritte Pille eingenommen und bildete sich ein, die Nordsee in ihren Ohren rauschen zu hören. *Ba-Wuuuuusch. Ba-Wuuuuusch.* Die Wellen laufen sanft auf dem Strand aus und spülen Algen und zappelndes Kleingekräusel an. *Ba-Wuuuuusch. Ba-Wuuuuusch.* Sie wartete auf ihre Chance, Björn zurückzuholen. Es würde nicht mehr lange dauern.

Sie hatte sich noch so viel Realitätssinn bewahrt, dass sie die Selbstverständlichkeit bemerkt hatte, mit der die Slammer durch die Hinterräume gingen. Als wären sie jeden Tag hier. Auch das Desinteresse der sonstigen Anwesenden war ihr aufgefallen, etwa des Technikers und des Feuerwehrmanns, die viele Meter von ihr entfernt im gleichen Raum auf ihren Stühlen fläzten. Es würde also ein Leichtes sein, irgendwann aufzustehen, ohne große Aufmerksamkeit auf sich zu ziehen. *Irgendwann* wäre wohl, wenn der Typ, an dem Björn die ganze Zeit wie eine Klette hing, endlich seinen Auftritt hatte und sie Björn überraschen könnte. Sie würde sich von hinten an ihn anschmiegen, noch ohne dass er sie sehen kann. Er würde überrascht sein, sich umdrehen, sie erkennen. Dann hätten sie ihren *Magic Moment*, so wie sie es aus Daily Soaps kannte.

»Regine«, würde er sagen, »endlich habe ich dich wieder.« Und sie würden sich endlos und tief küssen, und vielleicht würde er sie auf die Bühne zerren und ihr vor all den Leuten einen Antrag machen. Dafür war sie hier. Sie drückte auf den Leuchtknopf ihrer goldenen Casio. Es war 22.08 Uhr.

50

Es war 22.09 Uhr, als Mo Schimmer und Nachtschwester Conny in ihrem Liebesspiel unterbrochen wurden.

Schwester Conny war auf das Waschbecken gestützt, sie hatte kurz zuvor der rückseitigen Penetration mit Freude zugestimmt. Ja, sie hatte sie nach einem von zweideutigen Eindeutigkeiten durchsetzten Gespräch (»Der menschliche Körper hat 206 Knochen. Wollen Sie noch einen, Schwester Conny?«) sogar ursprünglich vorgeschlagen.
Schimmer und sie betrachteten sich selbst und sich gegenseitig im Spiegel, während sie keuchend den hemmungslosen, animalischen Geschlechtsakt vollzogen. So lange, bis ihre Haare an den Köpfen klebten und der Spiegel durch die abgesonderte Wärme schließlich beschlug, was Conny in noch größere Ekstase versetzte. Das Pumpen und Piepen der mit Bienenbang verbundenen Apparate hatte zunächst den Rhythmus vorgegeben, doch längst hatten sie ihre Geschwindigkeit verdoppelt.
»Oh jaaa, Schwester Conny, jaahaa!«, wimmerte Mo Schimmer bei jedem Stoß, den er ihr versetzte.
»NENNE MICH CORNELIA, DU SAU!«, schrie sie, gerade als sich das Waschbecken unter dem ungewohnten Gewicht einige Millimeter absenkte.
»CORNELIA!«, schrie Schimmer und begann, ihr mit der flachen Hand auf das wabernde Gesäß zu klatschen.
»HÜA, CORNELIA!«, schrie er. »HÜA!«
»HAU MICH HÄRTER!«, schrie sie.

»CORNELIA!«, schrie er und holte weit mit dem rechten Arm aus.

»HANNA TANNER!«, schrie Moritz Bienenbang.

»WAS?«, schrie Conny.

»Wir haben Moritz geweckt«, sagte Schimmer ungläubig. Drei, vier Sekunden blieb er noch geistesabwesend im Körperspiel, unterbrach dann seine Tätigkeit, zog sich aus Schwester Conny zurück und tippelte mit der Hose um die Knöchel hektisch hinüber an Bienenbangs Krankenbett. Fast wäre er gestürzt, doch er konnte sich an der dicken Bettumrandung abfangen.

Schwester Cornelia, von einer Euphorie in die andere geschleudert, zog sich erst ihre funktionalen hellblauen Klamotten wieder an und kam schnellen Schrittes hinterher.

»Können Sie mich verstehen?«, fragte sie Bienenbang.

»Hanna Tanner«, antwortete er, »Hanna Tanner!«.

»Die soll mal nicht mein erster Gedanke sein, wenn ich aus dem Koma aufwache«, sagte Schimmer amüsiert und prustete in sich hinein, während er seinen Gürtel schloss.

»Der erste und der letzte Gedanke sind oftmals identisch«, sagte Schwester Conny.

»Hanna Tanner«, sagte Bienenbang.

»Du meinst …«, Schimmer begriff, »Moritz, hat dich Hanna niedergeschlagen?«

»Mit einer scheiß Bratpfanne oder so. Ja klar war sie das. Mein Kopf tut weh. Aua.«

»Scheiße! Cornelia, darf ich mein Handy anmachen?«

»Nenne mich Conny! Ja natürlich, wieso denn nicht?«

»Weil wir auf der Intensivstation sind und hier überall Verbotsschilder hängen?«

»Ach, das ist doch längst überholt. Genauso könnten Da selbstgemalte Bilder mit Schiffen hängen. Telefoniere du mal, ich schaue, dass ich ihn wach behalte.«

Schimmer hatte die letzten Wochen während der Krankenwache sein Mobiltelefon ausgeschaltet gehabt. Eine Tatsache, über die er sich ärgern würde, wenn dafür wieder Platz im Kopf wäre. Nun hieß es erst einmal: Warnen.

Er wählte einen seiner obersten Kontakte aus, Andy Krauß.

51

Hanna Tanner hatte vorgesorgt. Sie hatte keine große Bewegungsfreiheit dort, wo sie sich aufhielt, aber an alles Wichtige gedacht: Ein Achterpack Müsliriegel (Schoko-Banane), ein Sechserpack Halbliterwasserflaschen (Kohlensäuregehalt medium), ein Fleischermesser und zwei Geräte, von denen eines wie ein in den Achtzigern zuletzt modernes Weltempfängerradio und das andere wie eine Fernsteuerung für Modellflugzeuge aussah. Durch die Flaschen war auch die Notdurftverrichtung mitbedacht. Dies fiel nicht allzu kompliziert aus, immerhin hatte sie noch immer einen Penis. Keinen besonders großen, zugegeben, aber das erleichterte die Sache nur.

Schon am Nachmittag hatte sie sich mithilfe ihres Teilnehmerarmbändchens Zutritt zum Theater verschafft. Den Kulturbetrieb an sich kannte sie seit Jahren, daher war ihr auch klar, dass nichts leichter sein würde, als unbelästigt durch die Katakomben eines Theaters zu spazieren. Solange man jeden, dem man begegnet, freundschaftlich und/oder affektiert grüßt, hinterfragt niemand die Anwesenheitsberechtigung. Erst recht nicht in einem so großen Theater wie dem Deutschen Schauspielhaus.

Sie hatte es sich dennoch eine Nuance schwieriger vorgestellt, dorthin zu gelangen, wo sie gerade war, aber keine einzige Hürde hatte sich vor ihr aufgebaut.

Als sie auf der Bühne angekommen war, hatte sie kurz inne gehalten – und nicht das kleinste Geräusch irgendwo im Saal vernommen. Auch in den angrenzenden Räumen war niemand anzutreffen, wie sie durch einen kleinen Rundgang festgestellt hatte.

Mit dem passenden Werkzeug war eines der zentralen Segmente des Bühnenbodens schnell aus seiner Verankerung gehoben, seitdem befand sie sich im Zwischenboden, etwa zwei Meter hinter der Stelle, an der sie den Standpunkt des Mikrofons vermutet hatte. Den Soundcheck und das Eintreffen der ihr zu Ehren anwesenden Beamten hatte sie mit Interesse verfolgt, vor allem die direkt über ihr stattgefundene Einsatzbesprechung.

Seit einigen Minuten hörte sie einen konstant dicker werdenden Geräuschteppich aus den Zuschauerrängen. Ihre Vorfreude wuchs. Endlich würde es vorbei sein, endlich sie ganz oben stehen, sie es ihm heimzahlen, ihm und damit ihnen allen.

Sie konnte diesen ganzen Schlag Mensch nicht mehr ertragen, selbstgefällige Hobbydichter, denen es antrainiert worden war, souverän mit Niederlagen umzugehen, ja, die sogar nicht einmal Wert darauf legten, zu gewinnen, die Besten zu sein. Die horrende Preisgelder einfach unter sich aufteilen wollen, weil sie sich alle so uneingeschränkt mögen und ständig miteinander kuscheln in ihrem Großfamilienkonstrukt. Was soll das? Was hat so eine Ansammlung von miteinander kopulierenden Wortwitzlern und Gefühlsabsonderern im Kulturbetrieb verloren? Nichts!

Es muss harte Arbeit sein, sich zu etablieren, da kann man sich nicht einfach hinstellen und vom Zettel ablesen. Nichts einstudieren, keine Rolle überstreifen, kein Kostüm, keine Requisiten, keine Musik, vor allem keine Musik! Die Musik ist die hohe Kunst! Am Klavier zu sitzen und mit scheinbarer Belanglosigkeit mit flinken Fingern über die Tasten zu tanzen, dabei das Publikum stets im Blick zu haben, es mit seiner Mimik zu dirigieren, der passende Liedtext dazu, sozialkritischer Natur, politisierend, ab und an ein guter Kalauer eingestreut, besser noch: nur angedeutet. DAS ist Kabarett, DAS ist Kunst, das gehört auf die Bühne! Nicht dieses Dahingerotzte, dieses Vulgäre, dieses Slammige mit zu schnellem Sprechrhythmus und einzig der auf- und abfliegenden Hand als Untermalung, auch nicht diese Kleinmädchenpoesie, nicht dieses – ALLES, was sich gleich über ihr abspielen wird.

Sie wird es ihnen zeigen. Sie wird sie vernichten. Sie wird sie traumatisieren. Beim Theater erwartet man den Mord auf der Bühne, beim Poetry Slam erwartet man Witze über Doppelnamen, Gutmenschenpolemik und naive Versuche, die Tränen aus den Zuschauern herauszupressen. Die werden fließen, die Tränen, da war sie sich sicher. Keiner von ihnen wird mehr auf die Bühne steigen, keiner gute Laune verbreiten, keiner den verdienten Kleinkünstlern die Preise und Gagen wegnehmen. Mit einem Streich ein paar Hundert ausgelöscht. Jahaaa.

Sie hatten es ihr enorm einfach gemacht. Nicht nur heute. Seit sie nach dem blauen Kaktus abgetaucht und Vorbereitungen getroffen hatte, war der Weg hierhin ein Tanz gewesen. Die Geschlechtsangleichung war ohnehin schon immer ihr Traum gewesen, zwei Fliegen mir einer Klappe. Die paar Eingriffe im Gesicht, geschenkt. Das Eingliedern in die sogenannte Slamily – was für ein abscheuliches Kunstwort – verlief ohne jedes Problem. Zum Glück sind all die Slammer so tolerant und so auf Integration versessen. Wären die Slammer eine Stadt, sie wären Berlin. Selbst mit ihren bewusst fünftklassigen Texten, auch gerne in Fremdsprachen verfasst, wurde sie mit offenen Armen bei jedem Dorfslam aufgenommen und durfte auf die Bühne. Ein weiterer Baustein in der Mauer ihrer Ablehnung. Jeder darf, auch wenn er offensichtlich nichts drauf hat, was soll das, was ist das für ein krankes Konzept?

Und so richtig einfach wurde es, als sie die Sache mit den Jurymädchen angefangen hatte. Einfach immer die, die am Wehrlosesten auf sie wirkte, hat sie sich geschnappt. Zuerst sollte es eine einmalige Sache bleiben, aber sie fand tatsächlich Gefallen daran, sie könnte sich vorstellen, das berufsmäßig zu tun, doch nach dem heutigen Abend wird es ja leider nicht weiter gehen, beruflich, und generell. Ihr hat es regelrecht Spaß bereitet, die passenden Requisiten, so nannte sie ihre Mordinstrumente gern, verpackt in mehreren Tüten im Kofferraum ihres Wagens durch die Gegend zu fahren, abzuwarten, welchen seiner fünf Texte Andy Krauß auspacken würde und die dementsprechende Plastiktüte aus dem Auto zu holen. Mehrere Stricke, Hunde- und Wäscheleinen, um sich spontan entscheiden zu können, Steine und Schleuder, dazu ein Sedativum, falls der erste Schuss nicht sitzt (er saß) und die anderen Tüten, die sie leider nicht hatte benutzen dürfen (Gasmaske, Reitgerte, Pizzaschneider und so weiter). In Bamberg hat er es ihr mit der Schwimmbadgeschichte zunächst schwer gemacht, aber vom Ergebnis her gedacht, hat sie auch diese Aufgabe mit Bravour gelöst.

In die Wohnungen zu kommen, war jeweils ein Spaziergang gewesen. »Warst du nicht grade in der Jury? Was ein Zufall. Ich rauche eine mit dir. Huch, könnte ich mal bei dir aufs Klo?« Das war noch der komplizierteste Vorgang. Ansonsten kann man sich darauf verlassen, dass die Haustüren von Mietshäusern, in denen Studenten untergebracht werden, sowieso offen stehen und dass die richtige Wohnung meist die unter dem Dach ist. Ist dann auch die Wohnungstür nicht mal abgeschlossen, wie bei Resi, gleicht das einer herzlichen Einladung zum Schlachtfest, mit freier Platzwahl. Wo die jeweiligen Damen genau wohnten, für solche brisanten Informationen gibt es Gespräche über WG-Partys, denen man an der Bar wunderbar lauschen kann.

Bislang lief es alles rund, Hanna Tanner fühlte sich im Untergrund obenauf, sie sehnte dem Beginn entgegen und rückte ihre Werkzeuge und Geräte vor sich in Position. Das wird ne Sause. Jahaaa.

»Jahaaa«, sagte sie vorfreudig vor sich hin und rieb sich die schwitzenden Hände. Ob das zu laut war? Nein, das Gegrummel um sie herum war eindeutig lauter. Ein Handtuch, daran hätte sie noch denken können, sie schwitzte seit der ersten Hormoneinnahme viel schneller und stärker als früher, dumme Nebenwirkung. Aber was soll's schon, lange wird nicht mehr geschwitzt, das kann man an der weiten Hose abwischen. Sonst war an alles gedacht und Krauß' Auftritt schon hundert Mal durchgespielt, in ihrem Kopf. Die einzige Unkonstante bildete für sie nur die Reihenfolge, in der die Slammer antreten. Am Liebsten wäre ihr es mittlerweile, Andy Krauß würde auf den ersten Startplatz gelost werden. Dann müsste sie keinen kompletten Slamtext mehr in ihrem Leben ertragen. Ihr Herz pochte in mindestens doppelter Normgeschwindigkeit. »Jahaaa.«

»Hast du grade was gesagt?«, fragte Peter Glasow Peter Himmel in der ersten Reihe.

52

Es war 22.25 Uhr, als Michel Abudhabi aus dem Raucherraum trat. Er trug einen roten satinen Bademantel, einen, wie ihn die Boxer auf ihrem Weg zum Ring tragen. Noch hatte er die Kapuze nicht über den Kopf gezogen. Das würde folgen. Die große Show war versprochen, die große Show musste auf die Bühne. Genauso wie die Slammer auch, würde er sich vor seinem Auftritt hinter der Leinwand platzieren, dramatische Musik würde einsetzen, sein Name auf der Leinwand erscheinen, er nach vorne treten, gemäßigten Schrittes, die Leinwand würde sich heben, ihm den Weg zur Bühne freimachen, das Publikum ihn mit einem gigantischen Applaus begrüßen. So, genau so, nicht anders. Würde irgendetwas davon in einer Nuance abweichen, wäre er sauer und müsste sich aus Frust während der Moderation betrinken. Und das, wo er gerade noch Scherzmittel wegen seiner eingeschnittenen Hand nehmen musste. Nein. Es war hier nicht sein Job, irgendeinen verrückten Transvestiten einzufangen, sein Job war die charmante Moderation durch den Abend. Er würde keine Panik schüren, er würde »Hanna Tanner« oder wie der Typ auch immer wirklich hieß, mit keiner Silbe erwähnen. Alles, was der will, ist Aufmerksamkeit, die bekommt er von ihm nicht. Wahrscheinlich hat er schon ein krudes Manifest im Internet publiziert, um seine Tat zu erklären, will die Einsermeldung in der Tagesschau und einen Wikipedia-Eintrag. Nix da.

»Nicht auf meiner Bühne«, schrie Abudhabi, »nicht mit mir!«

Die Slammer waren ihm aus dem Raucherraum gefolgt, wo kurz zuvor die Auslosung der Reihenfolge zur Nebensache geworden war. Krauß war auf Startplatz eins gelost worden. Nach Schimmers Anruf hatte er Bjarne Peace enttarnt und zusammen hatten sie in fünf Minuten alles Wesentliche zusammengefasst und erklärt. Niemand hatte Hanna Tanner seit dem Fußballspiel gesehen. Doch sie waren sich sicher, dass sie sich, im Gegensatz zu Frau Line, im Gebäude aufhalten musste.

Regine betrachtete die Gruppe fasziniert aus ihrer Ecke heraus. Seit sie den glänzenden Mantel Abudhabis erblickt hatte, spielte in ihrem Kopf *Conquest of Paradise*, die Einlaufmusik von Gentleman-Boxer Henry Maske. Dies verlieh der Situation und allen nichtigen Handlungen, die sie beobachtete, eine getragene Würde, einen geistigen Sepia-Schleier. Ihr kam es fast vor, als liefe alles in Zeitlupe ab, und als würden sich die einzelnen Bilder, die sie in ihrem berauschten Zustand wahrnahm, in ihre Netzhaut einbrennen.

Sie sah Richart Streit, wie er in seine Hose griff und sich sein Gemächt zurecht rüttelte. Sie staunte.

Sie sah Theresa Baal, die mit großen wässrigen Augen apathisch auf die Bildschirme starrte, die die leere Bühne zeigten. Wie die kleine Zeichentrick-Volleyballspielerin im Kinderfernsehen, dachte sie und staunte.

Sie sah die Technikfrau, die Michel Abudhabi verkabelte und ihm sein Headphone zurechtrückte, dafür einen Klaps auf den Po bekam. Sie staunte.

Sie sah Björn mit seinen Händen vor dem Gesicht und spürte, wie sie von einer großen Wärme ergriffen wurde, die sich aus ihrem Bauch heraus bis an alle Körperenden ausbreitete. Sie bebte.

Die Welt war für Regine ein großes Schauspiel geworden. Sie fühlte sich bereit, gleich die Zuschauerbank zu verlassen und mitzuspielen. Conquest of Paradise.

Die Slammer verließen den Raum Richtung Zuschauerlogen, Andy Krauß und Björn blieben zurück. Abudhabi verschwand durch die feuerfeste Tür Richtung hintere Bühne, um sich in Position zu stellen.
»Der Erste hat's eben immer am schwersten«, sagte Andy Krauß, lachte aufgeregt und überprüfte den Sitz seiner kugelsicheren Weste. Es konnte losgehen.

Es war 22.27 Uhr, als Hanna Tanner einen kleinen Hebel auf einem ihrer Geräte umlegte.

Es war 22.31 Uhr, als Frau Line unter ihrer Abdeckplane erwachte, sich an den pochenden Kopf griff und im ersten Moment nicht wusste, wo und wer sie war.

Es war 22.32 Uhr, als Kim ihren Platz auf dem oberen Balkon wieder erreicht hatte und zum Opernglas griff. Sie hatte Peter Himmel und Peter Glasow in der ersten Reihe persönlich über die neuen Erkenntnisse informieren müssen, da diese brav ihre Telefone ausgeschaltet hatten, wie auf den Verbotsschildern im Foyer vorgeschrieben. Dass die Funkverbindung zwischen allen verdeckt agierenden Beschützern vor fünf Minuten aus unerklärlichem Grund abgerissen war, hatten sie nicht einmal bemerkt.

Es war 22.34 Uhr, als Henry Maske in einer Berliner Currywurstbude eine Flasche Champagner bestellte.

Es war 22.35 Uhr, als eine Sirene eingespielt wurde und die Silhouette von Michel Abudhabi überlebensgroß auf der Leinwand erschien. Es ging los.

Es war 22.49 Uhr, als Abudhabi den ersten Teilnehmer ansagte. Andy Krauß stand hinter der Bühne bereit. Björn ging parallel zu ihm, unsichtbar für die Zuschauer, ebenfalls nach vorne und platzierte sich in der engen Schleuse am Bühnenrand. Er nickte dem dort platzierten uniformierten Kollegen ernst zu. Das Publikum applaudierte derweil aufs Frenetischste, wie von Abudhabi gefordert. Dieser hatte seinen Platz auf dem Bühnensofa eingenommen und verfolgte Krauß' Antritt zum Auftritt mit großer innerer Anspannung, ohne einen Hauch davon in seine äußere Erscheinung einfließen zu lassen. Anders die Peters in der ersten Reihe, die nicht viel Zeit hatten, sich auf den Ernstfall vorzubereiten, der genau hiermit eingetreten war. Himmel griff in seine Innentasche, holte seine Pistole hervor und verbarg sie zwischen seinen Beinen. Krauß ließ sich viel Zeit für die letzten Schritte nach vorne. Er breitete die Arme aus und ließ sich feiern. Dies fiel nicht schwer, da ein Fanpulk aus etwa 50 Slammern *jeden* Auftritt einer Meisterschaft zum Anlass nimmt, auszurasten. »YEAH«, schrie es aus den Reihen, »Du machst das!« und, ganz spitz und schlicht »Andy!«.

Hanna Tanner war von einem befriedigenden Glücksgefühl erfüllt, als die Bretter genau über ihr knarzten, Krauß über sie hinweg schritt. Die plumpen Sympathiebekundungen waren auch für sie große Zusatzmotivation. Sie atmete tief durch und zählte die Sekunden.

Genau in dem Moment, als Krauß endlich am Mikrofon angekommen war, legte sich eine Hand auf Björns Schulter. Schnell wie der überraschende Nachmittagsblitz fuhr er herum, zog in der Drehung seine Pistole und hielt Regine die Mündung vors Gesicht. Sie erschrak. Er erschrak. Björns Kollege unterstützte ihn mit seiner eigenen Waffe. Die letzten Jubelrufe erklangen aus dem Publikumsraum. Björn senkte die Pistole, wies den Kollegen an, es ihm nachzutun, und vergaß für einen Augenblick seine Aufgabe. Der andere wendete sich so diskret wie auf dem zur Verfügung stehenden Raum möglich der Bühne zu. Regine hatte noch kein Wort gesagt.

»Was ...«, sagte Björn verdattert.

»Björn, ich liebe dich«, sagte Regine. Sie hatte die Perücke abgenommen, den entrückten Gesichtsausdruck konnte sie jedoch nicht einfach ablegen.

»Aber doch nicht jetzt«, entgegnete er im Affekt.

Regine gab ihm eine Ohrfeige.

Krauß sah vom Mikrofon herüber und verstand nicht, was vor sich ging. Das verstand niemand.

»So redet man nicht mit einer Dame«, sagte Regine.

Björn versuchte, sie loszuwerden: »Regine, in fünf Minuten habe ich alle Zeit der Welt für dich«, log er. »Dann kannst du mir auch erklären, was du hier überhaupt machst, aber nicht JETZT.«

»Ich hätte gerne mehr Licht im Saal«, sagte Andy Krauß am Mikrofon, »und etwas mehr Ruhe am Bühnenrand. Kriegen wir das hin?«

»Hörst du?«, flüsterte Björn. »Versaue ihm nicht seinen Auftritt, sei still. Wir reden gleich.«

Er drehte sich von ihr weg.

»Nein«, sagte sie, »Björn Hahne«, sie ging auf die Knie. Björn drehte sich widerwillig zurück. »Ich will dich zurückhaben. Nicht irgendwann, sondern jetzt, in diesem Moment.«

»Nein«, sagte Björn. Sie ist komplett verrückt geworden, dachte er. Er drehte sich wieder weg.

Andy Krauß begann mit seinem Text.

»Ich liebe dich«, säuselte Regine.

Björn sah auf die Bühne. Er schnaufte laut, seine Nerven waren kurz vorm Zerreißen. Sein Kollege bot ihm durch einen Blick seine Hilfe an, Björn lehnte ab. Krauß las seinen Text. Es tat sich nichts. Regine verfiel abrupt einer anderen Stimmung.

»Wen fickst du?«, fragte sie.

»Halt die Fresse!«, entgegnete er. Das war das Gröbste, was er je zu ihr gesagt hatte. Aber es ließe sich bei Bedarf noch steigern.

»Sag schon, welche Schlampe fickst du? Wer ist deine Schlampe?«

Michel Adudhabi schickte ihnen einen Blick, der töten konnte.

Andy Krauß kämpfte sich tapfer durch seinen Text. Nicht alle bekamen mit, dass etwas vor sich ging, nur die ersten Reihen ließen sich etwas irritieren. Doch Krauß hatte das Mikrofon, die Lautstärkehoheit und die Macht. Er war schon oft in Kneipen aufgetreten, in denen nicht alle Zuschauer wegen seines Auftritts anwesend waren und dem stillen Zuhören nicht die oberste Priorität verliehen hatten. Da war es auch mal wichtiger, lautstark abgestandenes Bier in sich und abgestandene Witze aus sich heraus zu schütten. Krauß hatte die dritte Pointe erreicht und gab dem Zwischenapplaus etwas Zeit.

»Wer ist die Schlampe?«

Björn konnte nicht weg. Es ging hier nicht um Regine, die augenscheinlich einen Exorzisten nötig hatte, es ging nicht um die sehr unwahrscheinliche Rettung ihrer Beziehung, im Moment ging es um Andy Krauß und Hanna Tanner. Regine war unbedeutender denn je. Sie sollte nicht da sein. Er konnte sie aber nicht wegschieben, er musste aufpassen. Aber er könnte sie ruhig stellen ...

»Die Schlampe, die nicht hier ist, hä? Die in einem Hinterhof liegt?«

Regine zog den Teilnehmerausweis von Frau Line aus der Tasche.

»Frau Line, was? Ist sie deine Schlampe?«

»Sei ruhig!«, sagte Björn. Mittlerweile hatte sich einiges Blut in seinem Kopf gestaut. Er hatte große Lust, Regine mehrere Knochen zu brechen. Aber das musste leider ein paar Minuten warten. Was sie auch immer mit Frau Line angestellt hat, würde seine Tat im Nachhinein rechtfertigen.

»Oder der da?«

Regine deutete auf Andy Krauß, dem der Schweiß ebenso auf der Stirn stand wie Björn und ihr selbst.

»Der Typ, mit dem du in einem Zimmer schläfst? Bist du eine Schwuchtel geworden?«

»Regine!«, sagte Björn bestimmt und packte sie an einer Schulter und am Kinn. Sie spitzte erwartungsfroh die Lippen, obwohl es ihr weh tat. Björn sprach ruhig und bestimmt:

»Regine, wenn du noch ein weiteres Wort von dir gibst, werde ich dir mit einer sehr schnellen Bewegung deinen Kopf so verdrehen, dass dein Genick bricht. Dann bist du tot. Ich kann das, das weißt du. Hast du verstanden?«

Er konnte es nicht, war aber immer beeindruckt, wenn er es in Filmen sah.

Das Flugzeug dreht auch nicht um, wenn man dem Kind damit droht, aber das Kind hört dann wenigstens auf zu nerven. Björn hoffte auf diesen pädagogischen Effekt.

Regine nickte, so weit sie es noch aus eigenen Stücken konnte.

Krauß hatte die Zweiminutenmarke überschritten, stellte Abudhabi mit einem Blick auf die Uhr fest. Wenn noch etwas passieren würde, konnte es nicht mehr allzu lange dauern. Er gab sich äußerlich noch immer unbeeindruckt, der Tumult am Bühnenrand schien ein Ende gefunden zu haben.

Auch Hanna Tanner hatte mitgestoppt und beschloss, dass es nun an der Zeit war, den Hauptdarsteller zu wechseln. Sie überlegte, sich zu bekreuzigen, bevor sie emporsteigen würde, verwarf den Gedanken aber schnell. Es war zu spät, zum Glauben zu finden. Sie drückte den Knopf auf ihrem zweiten Gerät. Einige Reihen hinter Kim, links und rechts, erfolgten zeitgleich zwei kleinere Explosionen. Mit einer Schrecksekunde Verzögerung schrien einige Zuschauer spitz auf, wie es alte Damen in komödiantischen Filmen tun, wenn ihnen der Kuchen in den Schoß fällt, und schnell breitete sich wabernder, dicker Rauch aus.

Björn hatte Regine aus seinem festen Griff entlassen und war herumgefahren, um zu sehen, was weit entfernt auf dem ersten Balkon vor sich ging. Auch Andy Krauß hatte das Textblatt abrupt gesenkt. Es schien loszugehen. Sein Auftritt war beendet. Er erwartete – irgendwas. Er rührte sich nicht. Das einzige, was ihm einfiel, war, eine Durchsage zu machen: »Keine Panik!« Abudhabi vergrub derweil auf seinem Sofa sitzend sein Gesicht hinter Hand und Gips. Die dumme Kuh hatte seine Veranstaltung hochgehen lassen.

Der Mensch ist ein schreckhaftes Herdentier. Außerdem liegt es ihm in seiner modernen Form in der Natur, sich gegen andere abgrenzen zu wollen, indem er sich als Individuum über sie erhebt, behauptet, »anders als die Anderen« zu sein. Hört er also die Ansage, man solle nicht in Panik ausbrechen, denkt er, die anderen können das gerne tun, aber ich bin einzigartig. Ich WERDE in Panik ausbrechen. Das dachten so ziemlich alle. Sogar die am Bühnenrand positionierten Beamten, ohne Anweisungen plötzlich auf sich gestellt, entschieden, lieber kopflos ihren Posten zu verlassen und in Richtung Detonation zu rennen, die Zuschauer hingegen wollten sich möglichst von ihr wegbewegen, und so setzte eine in hochkulturellen Häusern beispiellose Massenpanik ein. Mehrere Brillen und Mobiltelefone wurden zertreten und einige Rippen brachen bei mehreren hundert Versuchen, den Raum als Erster zu verlassen. Kim blieb auf ihrem Platz sitzen, da sie bemerkt hatte, dass außer zwei dröhnenden Knalls und der Ausbreitung des Rauchs überhaupt nichts geschehen war. Sie erkannte die Situation korrekt als Ablenkungsmanöver und sah über den Tumult hinweg auf die Bühne, als wäre nichts geschehen. Sie sah, wie sich hinter Andy Krauß der Bühnenboden hob.

Zeitgleich ließ Henry Maske in der Berliner Currywurstbude eine zweite Flasche Champagner öffnen und gab ein Autogramm auf eine FC Bayern-Mütze.

Regine hatte von all der Unruhe nichts mitbekommen. In ihrem Ohr rauschte noch immer die Nordsee und Vangelis sangen dazu. Sie schnellte aus einem Meter Distanz auf Björn zu, der überrascht in Abwehrhaltung ging. Sie vollzog eine Körpertäuschung nach rechts und schlüpfte links an ihm vorbei unter seinem Arm hindurch, Richtung Bühne. Auf dem Fußballplatz hatte sie das noch nie so perfekt hinbekommen.

Kim bemerkte, dass sich nun auch am linken Bühnenrand Überraschendes tat. Jegliche Farbe war aus ihrem Gesicht gewichen und sie verfolgte wie gebannt, was sich nun auf der Bühne abspielte. Sie ging völlig in der Zuschauerrolle auf und das, was sie und die zwei- bis dreihundert verbliebenen Zuschauer, die die Explosionen für eine Art Performance gehalten hatten (oder für den horrenden Eintrittspreis mehr als einen halben Auftritt erwarteten) und auf ihren Sitzen verblieben waren, nun zu sehen bekamen, setzte der bisherigen Aufführung die Krone auf. Sie verfolgten ein Schauspiel, von dem sie noch auf dem Sterbebett ihren Nachgeborenen erzählen sollten, detailgetreu, nahezu in Echtzeit ...

Andy Krauß steht am Mikrofon und guckt wie ein Erdmännchen, das aus seinem Loch schaut, in den Zuschauerraum. Michel Abudhabi verharrt noch immer in seiner selbstbemitleidenden Position auf dem Sofa. Ein Element des Bühnenbodens hebt sich direkt hinter dem Mikrofon. Am linken Bühnenrand taucht eine hysterische Regine auf, die mit ausgestrecktem Arm auf Andy Krauß zuschreitet und schreit »IST ER DEINE SCHLAMPE, BJÖRN?«

Sie bindet Krauß' Aufmerksamkeit, der nun sie statt den schmuckvollen Zuschauerraum ungläubig mit großen Augen anstarrt. Aus dem Bühnenuntergrund taucht Hanna Tanner auf, schneller als man es hätte erwarten können. Sie hatte sich eine Treppe gebaut.

Hanna Tanner steht hinter Andy Krauß und schiebt ihren Unterkiefer nach vorne. Björn taucht mit etwa drei Metern Abstand hinter Regine auf der Bühne auf und schreit »REGINE, NEIN! ANDY, HAU AB!« Regine deutet auf Hanna Tanner und brüllt: »ODER IST SIE DEINE SCHLAMPE, BJÖRN?«

Hanna Tanner reißt unbeeindruckt beide Arme in die Höhe, in der linken hält sie ein Messer mit fünfundzwanzig Zentimeter langer Klinge. Im Restpublikum entstehen erste zweite Tumulte. Eine Frau schreit »Sie hat ein Messer!«, eine andere Frau schreit »Raus hier!«, eine dritte Frau schreit »What the fucking hell!?!« Viele schreien vieles. Einige wenige bleiben sitzen. Kim schreit nicht und regt sich nicht.

Andy Krauß taut plötzlich auf, sieht um sich, greift zum Mikrofonständer und wirbelt ihn herum wie einen Baseballschläger. Er will Hanna Tanner die Beine wegschlagen, aber Hanna Tanner kann springen. Krauß jedoch rutscht aus und bleibt schutzlos liegen.

Ein Schuss fällt.

Kurz ist alles still. Die Protagonisten auf der Bühne verharren in ihren Positionen.

Niemand wurde getroffen. Es geht weiter. Peter Himmel richtet seine Pistole nach dem Warnschuss auf Hanna Tanner. Er schreit »Messer weg!«

Andy Krauß kann sich aufrichten, kauert sich zusammen und wünscht sich einen Schildkrötenpanzer. Er schützt seinen Kopf mit den Armen und erwartet – irgendwas.

Zuschauer verstopfen weiterhin die Ausgänge. Großes Gekreisch ist en vogue.

Himmel schießt zum zweiten Mal. Er erwischt Hanne Tanner an der Schulter. Sie fällt wie ein gefällter Baum nach vorne. Die Physik wird dafür sorgen, dass das Messer in Krauß' Nacken landet, sollte nicht etwas oder jemand dazwischenkommen. Gravitation ist eine solide Sache.

Regine ist noch zwei Meter von Hanna Tanner und Andy Krauß entfernt. Ihr Gesicht verzieht sich auf unnatürliche Art. »DRECKIGE SCHLAMPEN!«, schreit sie.
Regine hebt in vollem Lauf vom Boden ab und vollzieht einen technisch perfekten Seitfallzieher. Sie trifft Hanna Tanner mit der vollen Wucht ihres Spanns am Hals. Ihr Fall ist gebremst, sie schleudert mit Regine zur Seite davon, das Messer löst sich aus ihrer Hand und wirbelt unkontrolliert in der Luft. Andy Krauß regt sich noch immer nicht, zittert aber heftig. Björn kommt endlich an und hechtet sich schützend auf ihn. Das Messer landet wenige Zentimeter neben den beiden mit der Spitze voraus in den Bühnenbrettern. Es bleibt senkrecht stecken.

Ein weiterer Schuss löst sich aus Himmels Pistole. Das war unnötig.

53

Ein halbes Jahr später.

»War doch toll damals«, sagte Kim verschmitzt, als Andy Krauß auf den Stopp-Knopf drückte. Er hatte die Aufzeichnung, die das Theater ihnen zur Verfügung gestellt hatte, mittlerweile öfter gesehen als die in die Twin Towers einschlagenden Flugzeuge.

»Da haben wir echt was verpasst, Moritz«, sagte Mo Schimmer und prostete Bienenbang zu.

»Ich hätte das besser hinbekommen als ihr Amateure«, sagte er. Mittlerweile war er in der ersten Bewerbungsrunde bei einer Schauspielschule angenommen worden.

»Nicht nur ihr habt das verpasst«, sagte Frau Line mehr in sich hinein als in die Runde.

Björn hatte zur Einweihungsfeier seiner neuen Wohnung geladen, alle waren gekommen: Kim, Andy Krauß, Mo Schimmer, Moritz Bienenbang, Peter Himmel, Peter Glasow, Frau Line, Franz, Michel Abudhabi, Theresa Baal, Richart N. Streit. Überraschenderweise sogar Regine und ihr neuer Freund, der Björn von seiner Physiognomie her erstaunlich glich.

Regine hatte Björn und Frau Line, die generös von einer Anzeige wegen Körperverletzung abgesehen hatte, fast glaubhaft versichern können, dass sie aufgrund der ihr untergeschmuggelten Drogen etwas neben sich gestanden hatte. In der Therapie, die ihr anschließend an die Hamburger Vorfälle vielseits empfohlen worden war, war sie mittlerweile in ihren Grundschuljahren angekommen.

Frau Line war bei Björn angekommen – immer wenn sie in seiner Nähe war, ansonsten hatten beide alle Freiheiten. Ihm gefiel dieses neue Beziehungskonzept, er befürchtete nur, er könnte dabei irgendwann den Kürzeren ziehen. Aber von festen Bindungen hatte er noch immer genug, der Grund saß ihm gegenüber.

Hanna Tanner war mindestens für die nächsten 15 Jahre verhindert, wäre aber wohl auch nicht eingeladen gewesen. Ein weiteres Video würde sie bald in ihrer früheren Identität als männlicher Klavierkabarettist Manni zeigen. Andy Krauß wollte sich die Überraschung jedoch für den späteren Abend aufsparen.

»In einer Minute sind die ersten Würstchen fertig«, schrie der frühpensionierte Peter Himmel wohlgelaunt vom Grill herüber. Peter Glasow rieb sich vorfreudig die Hände und zwinkerte Kim väterlich zu, die in sich versunken in kreisförmigen Bewegungen ihren angewachsenen Bauch streichelte.

»Wir sollten uns mit dem Film für irgendeinen Underground-Filmpreis bewerben«, schlug Andy Krauß vor.
»Oder zum Tor des Monats«, fügte Regine hinzu.
Ihr Neuer lachte am lautesten, Björn zufrieden in sich hinein. Selbstironie hatte er zuvor noch nie bei ihr festgestellt. Es schien in großen Schritten mit ihr voran zu gehen.

»Björn!«, sagte Regine plötzlich bestimmt. Björn verschluckte sich fast an seinem Bier. Er erwartete das Schlimmste, vielleicht mal wieder einen Antrag oder eine Einladung zu einer Menage à trois.

»Die netten Leute hier haben mir erzählt, du hättest da so Texte über mich geschrieben ...«

Fast das Schlimmste.

»Lies doch mal einen vor!«

»Essen fassen!«, bellte Peter Himmel vom Grill. Die Erlösung.

»Nix da!«, sagte Regine. »Erst der Text.«

»Die Frau gefällt mir immer mehr«, sagte Andy Krauß, der mittlerweile das Streicheln von Kims Bauch übernommen hatte.

»Los, lies den Text für meine Lebensretterin!«

»Ich habe mich aber echt weiterentwickelt seitdem, das ist doch gar nicht mehr –«

»Lies!«, befahl Krauß.

Peter Himmel kam mit der Grillzange angetrottet. »Ex-Kollege Hahne, Sie lesen jetzt diesen Text, sonst verkohlen mir die Würstchen. Das ist ein Befehl.«

Mo Schimmer begann, aufmunternden Applaus zu spenden. Der Rest stimmte mit ein.

»Aber nicht böse sein«, sagte Björn in Regines Richtung und zog einen Packen zusammengefaltete Papierblätter aus seiner hinteren Hosentasche. Er räusperte sich übertrieben und begann:

»Das Verhältnis Brustgröße zu Trikotweite könnte man optimieren.«

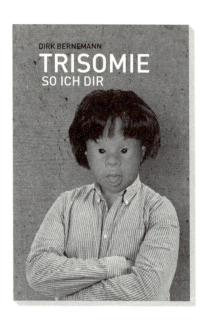

DIRK BERNEMANN
TRISOMIE SO ICH DIR

Roy hat ein Herz aus Pudding, Solveig züchtet Illusionen und Ingeborg muss am Ende ihres Lebens ihre Liebe halbieren. Die Leben dreier Menschen kollidieren, antriebsgestört, gefühlsüberfüllt und impulsbescheuert. Dabei passieren unnacherzählbare Dinge, bei denen nicht nur Gott lieber wegschaut.

Dirk Bernemann erzählt die verstörenden Biographien von drei Zufallsexistenzen, deren Lebenswege wie Regentropfen an der Fensterscheibe zusammenlaufen. Dazu benutzt er eine Sprache, die gleichzeitig dokumentiert und herzergreifend berührt.

„Die alte Frau denkt sich, wie sie Roy so ansieht und ihn mit ihren Geschichten ohrfeigt, was er denn schon von der Welt weiß und traut ihm lediglich Kindergefühle wie Geburtstagschönfinden oder Eisdielenwarteschlangengefühle zu."

Dirk Bernemann, Trisomie so ich Dir
Hardcover | 192 s. | 12,95 €
ISBN: 978-3-942920-05-6 | Veröffentlichungsdatum: 07.10.2011

ANDY STRAUSS
UHRMACHER

Während die einen ihren unendlichen Reichtum durch übertriebene Feste und Orgien zelebrieren, verstecken die anderen ihre als Erlöser eines chinesischen Naturvolkes erwirtschafteten Diamanten einfach in der Miniatur eines Schrottplatzes, welchen sie in ihrer Wohnung nachbauen. Ein schicksalsvoller Anruf beim Uhrmacher Mr. Smith lässt diese Welten auf unheilvolle Weise zusammenstoßen.

Nach 2 Büchern mit Kurzgeschichten, einem Bilderbuch und unzähligen Beiträgen im Zeitschriften (u.a. Dummy Magazin), nun der erste vollständige Roman des Enfant terrible der Slamerszene.

Andy Strauß, Uhrmacher
Taschenbuch | 160 s. | 9,99 €
ISBN: 978-3-942920-06-3 | Veröffentlichungsdatum: 01.10.2011

STEFAN KALBERS
FLECKEN

Entschuldigung, haben Sie kurz Zeit?
Wollten nicht auch Sie immer schon mal wissen:
...wie egal es sein kann eine Wandergruppe mit dem ICE zu überfahren?
...warum Psychologen gern kleine Hunde treten?
... wieso man einer Religionsstudentin keine Spermaprobe zugestehen sollte?
Dann ist da noch die Sache mit dem jungen Mann, der einfach nicht aufhört zu wachsen.
Von dem Affen ganz zu schweigen.
Die Kurzgeschichten in diesem Band gleichen unerwünschten Flecken (im Gehirn).
Sie gehen nie wieder weg.

Stefan Kalbers versteht es auch in seinem neusten Werk die „Un"-Tiefen des menschlichen auszuloten und uns schmerzlich zu verabreichen.

Stefan Kalbers, Flecken
Taschenbuch | 160 s. | 9,99 €
ISBN: 978-3-942920-10-0 | Veröffentlichungsdatum: 01.03.2012

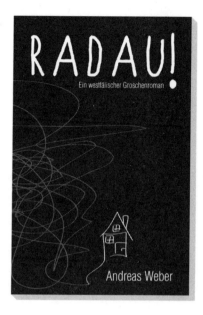

ANDREAS WEBER
RADAU

Radau ist Pop. Radau ist laut.
Und Herr Weber ist westfälischer Profikiller, Mitglied einer geheimen Kaste, die sich zur Aufgabe gestellt hat, das westfälische Münster vor dem Fremden und Bösen zu bewahren. Als die 14-jährige Paula ihre Eltern bei einem Verbrechen verliert, nimmt er sich dem Mädchen an und bildet sie in seinem Handwerk aus. Für die pubertierende Paula öffnet sich eine absurde Welt, in dessen Mittelpunkt eine weiße Hütte und der Verräter Johann-Conrad Schlaun liegen.
Eine Welt, die sie so nur aus dem Fernsehen kannte. Radau ist eine Hommage an Leon der Profi, Kill Bill, Reservoir Dogs, Annnette von Droste-Hülshoff und natürlich eine Liebeserklärung an die Provinzhauptstadt Münster. Radau ist ein westfälischer Groschenroman.

Andreas Weber, Radau
Taschenbuch | 192 s. | 9,99 €
ISBN: 978-3-942920-11-7 | Veröffentlichungsdatum: 01.03.2012

„Der Dichter ist überflüssig
in der technischen wie in der
ökonomischen Welt – das macht
sein Elend und seine Größe aus."

Ernst Jünger (1895-1998)
dt. Schriftsteller